航空运输类专业系列教材

民航服务礼仪实务

马晓虹　主　编
曾晓涛　副主编
慕　琦　主　审

电子工业出版社
Publishing House of Electronics Industry
北京·BEIJING

内 容 简 介

本书结合民航服务行业的特点及相关岗位的服务规范，系统介绍了民航服务礼仪的相关内容。全书共分六章，主要内容包括民航服务礼仪概述、民航服务人员形象礼仪、民航服务语言礼仪、民航服务接访礼仪、民航岗位服务礼仪、民航服务礼仪综合测试题。本书详细介绍了民航服务岗位常用的服务礼仪规范，具有较强的行业性、岗位性和实操性。

本书内容实用、图文并茂、易于掌握，既可作为高等院校和高职院校民航运输、民航安检、空中乘务等专业的教学用书，也可作为各类民航企事业单位相关人员的培训用书和自学用书。

未经许可，不得以任何方式复制或抄袭本书之部分或全部内容。
版权所有，侵权必究。

图书在版编目（CIP）数据

民航服务礼仪实务/马晓虹主编. —北京：电子工业出版社，2021.6
ISBN 978-7-121-41437-4

Ⅰ.①民… Ⅱ.①马… Ⅲ.①民航运输-乘务人员-礼仪-高等学校-教材 Ⅳ.①F560.9

中国版本图书馆CIP数据核字（2021）第124742号

责任编辑：朱怀永　　　　特约编辑：田学清
印　　刷：北京虎彩文化传播有限公司
装　　订：北京虎彩文化传播有限公司
出版发行：电子工业出版社
　　　　　北京市海淀区万寿路173信箱　　邮编：100036
开　　本：787×1092　1/16　印张：12.25　字数：313.6千字
版　　次：2021年6月第1版
印　　次：2024年8月第5次印刷
定　　价：44.80元

凡所购买电子工业出版社图书有缺损问题，请向购买书店调换。若书店售缺，请与本社发行部联系，联系及邮购电话：(010)88254888，88258888。
质量投诉请发邮件至zlts@phei.com.cn，盗版侵权举报请发邮件至dbqq@phei.com.cn。
本书咨询联系方式：(010) 88254608，zhy@phei.com.cn。

航空运输类专业系列教材
建设委员会

主任委员

马广岭（海航集团）
马　剑（北京临空国际技术研究院）
杨涵涛（三亚航空旅游职业学院）
李宗凌（奥凯航空有限公司）
李爱青（中国航空运输协会）
李殿春（香港航空公司）
吴三民（郑州中原国际航空控股发展有限公司）
李　赛（国际航空运输协会）
迟　焰（北京航空航天大学）
张武安（春秋航空股份有限公司）
张宝林（西安交通大学）
陈　燕（中国航空运输协会）
郑　越（长沙航空职业技术学院）
耿进友（北京外航服务公司）
黄　伟（重庆机场集团）
慕　琦（广州民航职业技术学院）

副主任委员

王　帅　江洪湖　汤　黎　陈　卓　陈晓燕　何　梅　何　蕾
罗良翌　赵晓硕　赵淑桐　廖正非　熊盛新

委员

马晓虹	马爱聪	王　东	王　春	王　珺	王　蓓	王冉冉	王仙萌	王若竹
王远梅	王慧然	方凤玲	邓娟娟	孔庆棠	石月红	白冰如	宁　红	邢　蕾
先梦瑜	刘　科	刘　琴	刘　舒	刘连勋	刘晓婷	许　赟	许夏鑫	江　群
范　晔	杜　鹤	杨　敏	杨青云	杨祖高	杨振秋	李广春	吴甜甜	吴啸骅
汪小玲	张　进	张　琳	张　敬	张桂兰	陆　蓉	陈李静	陈晓燕	金　恒
金良奎	周科慧	庞　荣	郑菲菲	赵　艳	郝建萍	胡元群	胡成富	冒耀祺
鸥志鹏	钟波兰	姜　兰	拜明星	姚虹华	姚慧敏	夏　爽	党　杰	徐　竹
徐月芳	徐婷婷	高文霞	郭　凤	郭　宇	郭　沙	郭　婕	郭珍梅	郭素婷
郭雅荫	郭慧卿	唐红光	曹义莲	曹建华	崔学民	黄　山	黄　华	黄华勇
章　健	韩奋畤	韩海云	程秀全	傅志红	焦红卫	湛　明	温　俊	谢　芳
谢　苏	路　荣	谭卫娟	熊　忠	潘长宏	霍连才	魏亚波		

总策划　江洪湖

协助建设单位

国际航空运输协会	长沙南方职业学院	武汉东湖光电学校
春秋航空股份有限公司	长沙商贸旅游职业技术学院	闽西职业技术学院
奥凯航空有限公司	长沙民政学院	黄冈职业技术学院
香港快运航空公司	南京航空航天大学	衡水职业技术学院
重庆机场集团	浙江旅游职业学院	山东海事职业学院
北京外航服务公司	潍坊工程职业学院	安徽建工技师学院
北京临空国际技术研究院	江苏工程职业技术学院	安徽国防科技职业学院
郑州中原国际航空控股发展有限公司	江苏安全技术职业学院	惠州市财经职业技术学院
	湖南生物机电职业技术学院	黑龙江能源职业学院
杭州开元书局有限公司	河南交通职业技术学院	北京经济技术管理学院
三亚航空旅游职业学院	浙江交通职业技术学院	四川文化传媒职业学院
广州民航职业技术学院	新疆天山职业技术学院	济宁职业技术学院
浙江育英职业技术学院	正德职业技术学院	泉州海洋职业学院
西安航空职业技术学院	山东外贸职业学院	辽源职业技术学院
武汉职业技术学院	山东轻工职业学院	江海职业技术学院
武汉城市职业学院	三峡旅游职业技术学院	云南经济管理学院
江西青年职业学院	郑州大学	江苏航空职业技术学院
长沙航空职业技术学院	滨州学院	山东德州科技职业学院
成都航空职业技术学院	九江学院	河南工业贸易职业学院
上海民航职业技术学院	安阳学院	兰州航空工业职工大学
南京旅游职业学院	河南工学院	四川交通职业技术学院
西安交通大学	中国石油大学	烟台工程职业技术学院
三峡航空学院	厦门南洋学院	重庆第二师范学院
西安航空学院	广州市交通技师学院	南阳师范学院
北京理工大学	吉林经济管理干部学院	成都文理学院
北京城市学院	石家庄工程职业学院	郑州工商学院
烟台南山学院	陕西青年职业学院	云南旅游职业学院
青岛工学院	廊坊职业技术学院	武汉外语外事职业学院
西安航空职工大学	廊坊燕京职业技术学院	德阳川江职业学校
南通科技职业学院	秦皇岛职业技术学院	武汉外语外事职业学院
中国民航管理干部学院	广州珠江职业技术学院	湖北交通职业技术学院
郑州航空工业管理学院	广州涉外经济职业技术学院	

《民航服务礼仪实务》
编委会

主　编　马晓虹

副主编　曾晓涛

参　编　吴甜甜

主　审　綦　琦

前 言

民航业作为一个典型的高标准服务行业,其服务质量的高低直接关系民航企业的生存与发展。民航服务质量的提升,关键在于民航服务人员综合素质的提高。民航服务礼仪的学习旨在培养民航服务人员的服务意识,提升民航服务人员的礼仪素养,提高民航服务人员的服务技能,从而为旅客提供高品质的服务产品,提升民航企业的综合竞争力。

在编写本书过程中,编者注重理论与实践的紧密结合,突出民航服务礼仪的实用性与操作性。为了突出重点,本书依据民航业的特点,对一些与民航服务相关度不高的礼仪内容进行了删减,同时将民航主要服务岗位的要求、规范与礼仪知识相结合,突出了民航服务礼仪的针对性。

在编写本书过程中,编者对部分民航企业进行了调研和咨询,广泛听取一线从业人员的意见,力求编写一本符合行业特点、教师易教、学生易学、实用性强的教材。在内容的编排上,本书配有大量的图片以阐述理论知识,并设置案例分析题、知识拓展、实训项目等环节,便于学生的理解和实践。通过对本书的学习,学生可科学系统地掌握民航服务中的相关礼仪、礼节,为从事民航服务工作打下坚实的基础。

本书由马晓虹任主编并负责统稿,曾晓涛任副主编,吴甜甜参与编写,綦琦任主审。

如有老师需要教学资源,请通过 QQ(228651816)或 E-mail(228651816@qq.com)与编者联系。

由于编者水平有限、时间仓促,书中难免有不足和疏漏之处,恳请广大读者批评指正。

编者

2020 年 12 月

目 录

第一章 民航服务礼仪概述 ... 1

第一节 礼仪概述 ... 1
一、礼仪的概念 ... 1
二、礼仪的特性 ... 2
三、礼仪的原则 ... 3
四、礼仪的"3A"规则 ... 4

第二节 民航服务 ... 7
一、服务的概念及内涵 ... 7
二、民航服务的内容 ... 7
三、民航服务的特点 ... 8
四、旅客需求与民航服务 ... 10

第三节 民航服务礼仪 ... 11
一、民航服务礼仪的内容 ... 11
二、民航服务礼仪的重要性 ... 12
三、民航服务礼仪的基本要求 ... 12

第四节 民航服务意识 ... 13
一、服务意识的概念 ... 13
二、民航服务意识的培养 ... 14
三、同理心 ... 15
四、民航服务意识的内容 ... 15

第二章 民航服务人员形象礼仪 ... 18

第一节 服饰礼仪 ... 18
一、职业着装原则 ... 18
二、男士职业着装礼仪 ... 19

三、女士职业着装礼仪 ……………………………………………… 23
四、饰品使用礼仪 …………………………………………………… 26
五、民航服务人员制服着装礼仪 …………………………………… 28
第二节 仪容礼仪 ………………………………………………………… 34
一、仪容修饰的原则 ………………………………………………… 35
二、发型的修饰 ……………………………………………………… 36
三、女性民航服务人员仪容修饰规范 ……………………………… 38
四、男性民航服务人员仪容修饰规范 ……………………………… 40
五、手部修饰 ………………………………………………………… 41
六、香水的使用 ……………………………………………………… 41
第三节 仪态礼仪 ………………………………………………………… 42
一、站姿 ……………………………………………………………… 42
二、坐姿 ……………………………………………………………… 45
三、行姿 ……………………………………………………………… 47
四、蹲姿 ……………………………………………………………… 49
五、手势 ……………………………………………………………… 50
六、眼神 ……………………………………………………………… 54
七、微笑 ……………………………………………………………… 55

第三章 民航服务语言礼仪 …………………………………………… 60

第一节 民航服务语言 …………………………………………………… 60
一、服务语言的特点 ………………………………………………… 60
二、民航服务语言的基本要求 ……………………………………… 61
第二节 民航服务常用语 ………………………………………………… 62
一、称呼语 …………………………………………………………… 62
二、问候语 …………………………………………………………… 63
三、征询语 …………………………………………………………… 63
四、答谢语 …………………………………………………………… 64
五、道歉语 …………………………………………………………… 64
六、应答语 …………………………………………………………… 64
七、告别语 …………………………………………………………… 64
八、服务禁忌用语 …………………………………………………… 65
第三节 服务语言沟通技巧 ……………………………………………… 66
一、倾听的技巧 ……………………………………………………… 66

二、提问的技巧 …………………………………………………………… 69
　　三、拒绝的技巧 …………………………………………………………… 71
第四节　电话礼仪 …………………………………………………………… 74
　　一、电话服务语言的要求 ………………………………………………… 74
　　二、接打电话的仪态要求 ………………………………………………… 75
　　三、拨打电话的礼仪 ……………………………………………………… 76
　　四、接听电话的礼仪 ……………………………………………………… 76
　　五、挂断电话的顺序礼仪 ………………………………………………… 77
　　六、电话常用语及禁忌语 ………………………………………………… 78
第五节　民航播音服务礼仪 ………………………………………………… 80
　　一、民航播音服务的礼仪要求 …………………………………………… 80
　　二、候机楼广播服务 ……………………………………………………… 80
　　三、客舱广播服务 ………………………………………………………… 90

第四章　民航服务接访礼仪 …………………………………………………… 98

第一节　见面礼仪 …………………………………………………………… 98
　　一、称呼礼仪 ……………………………………………………………… 98
　　二、介绍礼仪 ……………………………………………………………… 100
　　三、见面礼 ………………………………………………………………… 104
　　四、名片礼仪 ……………………………………………………………… 111
　　五、交谈礼仪 ……………………………………………………………… 114
第二节　公务接待与拜访礼仪 ……………………………………………… 117
　　一、接待礼仪 ……………………………………………………………… 117
　　二、拜访礼仪 ……………………………………………………………… 123
第三节　民航外事礼仪 ……………………………………………………… 125
　　一、民航外事礼仪原则 …………………………………………………… 125
　　二、主要客源国礼仪风俗 ………………………………………………… 130

第五章　民航岗位服务礼仪 …………………………………………………… 142

第一节　值机岗位礼仪 ……………………………………………………… 142
　　一、值机岗位简介 ………………………………………………………… 142
　　二、值机岗位礼仪规范 …………………………………………………… 143
　　三、自助值机设备引导岗位礼仪规范 …………………………………… 146

第二节　候机楼问询岗位礼仪 …………………………………… 146

　　　　一、候机楼问询岗位简介 ………………………………………… 146

　　　　二、现场问询服务礼仪规范 ……………………………………… 147

　　　　三、电话问询服务礼仪规范 ……………………………………… 148

　　第三节　安全检查岗位礼仪 …………………………………………… 149

　　　　一、安全检查岗位简介 …………………………………………… 149

　　　　二、验证查验岗礼仪规范 ………………………………………… 150

　　　　三、前传检查岗礼仪规范 ………………………………………… 153

　　　　四、人身检查岗礼仪规范 ………………………………………… 155

　　　　五、X射线检查岗礼仪规范 ……………………………………… 158

　　　　六、开箱（包）检查岗礼仪规范 ………………………………… 159

　　第四节　客舱服务岗位礼仪 …………………………………………… 160

　　　　一、客舱服务简介 ………………………………………………… 160

　　　　二、客舱迎送礼仪 ………………………………………………… 161

　　　　三、客舱巡视礼仪 ………………………………………………… 163

　　　　四、行李架操作规范 ……………………………………………… 165

　　　　五、报纸杂志服务规范 …………………………………………… 165

　　　　六、客舱餐饮服务规范 …………………………………………… 166

　　第五节　民航常见特殊旅客服务礼仪 ………………………………… 169

　　　　一、重要旅客 ……………………………………………………… 169

　　　　二、老年旅客 ……………………………………………………… 170

　　　　三、儿童旅客 ……………………………………………………… 171

　　　　四、携带婴儿的旅客 ……………………………………………… 172

　　　　五、孕妇旅客 ……………………………………………………… 172

　　　　六、病残旅客 ……………………………………………………… 173

第六章　民航服务礼仪综合测试题 ……………………………………… 177

　　第一节　综合测试题一 ………………………………………………… 177

　　第二节　综合测试题二 ………………………………………………… 180

参考文献 …………………………………………………………………… 183

第一章　民航服务礼仪概述

学习目标

(1) 了解礼仪的概念、特性及原则。
(2) 掌握礼仪的"3A"规则。
(3) 熟悉民航服务的内容及特点。
(4) 理解旅客需求与民航服务的关系。
(5) 掌握民航服务礼仪的内容及基本要求,认识学习民航服务礼仪的重要性。
(6) 明确服务意识的重要性,树立正确的民航服务意识。

第一节　礼仪概述

一、礼仪的概念

礼仪,是人类文明的产物,是一个国家、一个民族文明程度的重要体现。中国作为世界四大文明古国之一,礼仪文化历史悠久,素有"礼仪之邦"的美誉。正如古人所说:"中国有礼仪之大,故称夏;有服章之美,谓之华。"数千年来,人们对文明的不懈追求,不仅形成了一套完整的礼仪思想和礼仪规范,而且重礼仪、守礼法、讲礼信、遵礼义已内化成为民众的一种自觉意识而贯穿于社会活动的各个方面,形成了丰富多彩的礼仪文化。正如史学家钱穆先生所说:"中国的核心思想就是礼,它是整个中国人世界里一切习俗行为的标准,标志着中国的特殊性。"

礼仪是一个复合词语,它包括"礼"和"仪"两部分。

礼是指人们在长期社会生活实践中约定俗成的行为规范。它的内容非常丰富,其含义的跨度和差异也很大。礼,从原始社会敬神之仪式,到阶级社会泛指等级森严的社会道德规范,引申为今天的敬意通称,其本质是诚,其核心是互相尊重、互相关心、互相谦让。

仪的概念在奴隶社会向封建社会转型的春秋时期才提到,意即仪式、仪文;到了封建社会,它又具有了容貌和外表、仪式和礼节、区分尊卑的准则和法度等含义。现今,仪指人际交往中互相表示尊重、友好的具体形式。仪是礼的表现形式，礼和仪互为因果，没有形式就没有内容。

礼仪是指人们在一定的社会交往场合，为表示相互尊重、敬意、友好而约定俗成的、共同遵循的行为规范和交往程序。

在现代社会，礼仪是一个人的学识品味、道德修养和自我价值的外在表现，是建立和谐人际关系的通行证，是社会精神文明建设的重要组成部分。人们越来越重视礼仪，各行各业越来越强调礼仪的重要性。民航作为高品质服务的代表性行业，对服务礼仪的要求更为严格。

二、礼仪的特性

1. 规范性

礼仪是一种行为规范，它对人们在交往时具体的语言、行为具有规范性和制约性。这种规范性所反映的实质是一种被社会广泛认同、普遍遵守的价值取向及行为准则。

在社会活动中，礼仪的规范性告诉人们哪些是该做的、哪些是不该做的，哪些是对的、哪些是错的。例如，在正式商务场合应该着正装出席，而不能选择运动装；握手时伸出右手是对的，伸出左手是不对的。礼仪赋予各种人际交往行为以一定的标准，如果违反了这个标准，就会给交往造成障碍。因此，要想建立和谐的社会关系，大家都必须遵守各项礼仪规范。

2. 时代性

礼仪是社会发展的产物，必然具有浓厚的时代特征。不同时代的政治关系、经济发展、文化习俗、思想观念、社会活动都会对礼仪产生一定的影响。因此，礼仪不是一成不变的。礼仪作为一种行为规范，必会随着时代的发展而发展，随着历史的进步而进步，所以后人对前人的礼仪规范也无须墨守成规，而要正视礼仪的发展性、现实性，做到与时俱进。例如，西藏在农奴制社会时期，农奴主外出时，农奴既要备马，还要跪伏在马的一侧给主人当阶梯。在当时这就是天经地义的礼仪。而农奴制被推翻后，这种做法在礼仪上被视为无礼，遭到众人谴责。这就是时代变迁的结果，每一个发展阶段都有与之相适应的礼仪。未来更高阶段的礼仪，必然要适应更高度的文明，从而为社会大众所自觉遵守。

3. 差异性

礼仪的发展受到政治、经济、文化、宗教、环境等各种因素的综合影响，因此礼仪涵盖了社会生活的方方面面，其表现形式也多种多样。

俗话说："十里不同风，百里不同俗。"不同的地域、不同的民族、不同的国家都有着各自的发展历史，因此就形成了不同的礼仪文化。例如，关于"老"的理解，在我国，被称为"吴老""钱老"等的往往是上了年纪的德高望重的人，这种称呼意味着此人的成就得到大家的一致认可，是一种极高的敬意；不过当我们满怀敬意地用"老"去称呼一些西方人时，效果可能会适得其反，"老"对他们可能意味着魅力丧失、精力不济，西方老人不乐意被他人称为老人。

礼仪的差异性要求人们在具体运用礼仪规范时，要事先增加了解、尊重差异、学会接受。

4. 融合性

随着社会交往的扩大，世界各国、各民族的礼仪文化必然相互影响、相互渗透、相互适应、相互融合。例如，握手礼和拥抱礼，现在都已经发展成为国际惯用的见面礼节，为中西方人民所接受、认可。人际交往的扩大促进了礼仪文化的融合，同时礼仪文化的相互适应将进一步促进人际交往的和谐发展。

5. 互动性

礼仪是人与人在交往中所适用的行为规范，它是一种相互的行为。《礼记·曲礼上》有一句话："礼尚往来。往而不来，非礼也；来而不往，亦非礼也。"礼仪的作用就在于双方通过合适的礼仪、礼节产生良性互动，进而拉近双方的距离，创建和谐的人际关系。

三、礼仪的原则

正确学习、运用礼仪知识，必须遵循礼仪的基本原则。礼仪作为一种约定俗成的规范，有其自身的一般规律，这些规律是保证礼仪活动顺利进行的必要条件。

1. 尊重原则

尊重是礼仪的核心，是礼仪的情感基础。尊重原则包含两层含义：自尊和尊重他人。这就要求在各种类型的人际交往活动中要以相互尊重为前提，以对他人的尊重赢得他人对自己的尊重。

孔子云："礼者，敬人也。"人与人的交往只有以尊重作为基本出发点，才能获得良好的效果。

2. 平等原则

礼仪是在相互平等的基础上形成的。虽然在具体运用礼仪时允许因人而异，可根据不同的交往对象、不同的场合采用不同的具体方法，但是在尊重交往对象这一点上，不论交往对象的种族、国籍、信仰、文化、职业、身份、财富、性别、长相如何，都必须一视同仁、以礼相待，既不可盛气凌人，也不必卑躬屈膝。

案例 1-1

英国著名戏剧家、诺贝尔文学奖获得者萧伯纳对"平等"这两个字有很深的感触。一次，他漫步在莫斯科街头，遇到一位聪明伶俐的小女孩，便与她玩了很长时间。告别时，萧伯纳对小女孩说："回去告诉你的妈妈，今天和你一起玩的是世界著名的萧伯纳。"小女孩看了萧伯纳一眼，学着大人的口气说："回去告诉你的妈妈，今天和你一起玩的是莫斯科小女孩安妮娜。"萧伯纳一时语塞。

后来，他常回忆起这件事，并感慨万分地说："一个人不论有多大成就，对任何人都应该平等相待，要永远谦虚。这就是莫斯科小女孩给我上的课，我一辈子也忘不了她！"

3. 适度原则

人际交往要取得良好的效果，一定要把握好"度"。礼仪是非常讲究分寸的，适度原则要求在与人交往时，必须分清对象、场合、时间，合乎规范，把握分寸。

俗话说："礼多人不怪。"礼仪是为了表达对他人的尊重，但是，凡事过犹不及，人际交往要考虑时间、地点、环境等因素。如果施礼过度或不足，都可能出现反效果。例如，初次见面的握手时间应掌握在 3 秒左右，过长可能让人觉得热情过度从而生厌，过短又可能让人觉得敷衍。只有在适度的前提下，礼仪才能发挥出最好的效果。

4. 宽容原则

宽容是一种美德。一方面，宽容原则要求人们在人际交往活动中多理解他人、体谅他人，对他人不求全责备。俗话说："金无足赤，人无完人。"有些人擅长礼仪交际，有些人则不熟悉礼仪、礼节，因此，只要不是原则问题，就要对他人多一些谅解，不要随便对他人进行过多的是非判断。另一方面，应虚心接受他人的批评意见，即使他人的批评意见不完全正确，也应认真倾听，做到"有则改之，无则加勉"。

5. 遵守原则

礼仪是一个人美好情操和文明习惯的外在表现和真情流露。遵守原则要求人们在人际交往中应自觉、自愿地遵守礼仪规范，而不是一味要求他人去遵循施行，应时刻以礼仪去规范自己的一言一行，做到以诚待人、表里如一。

四、礼仪的"3A"规则

礼仪的"3A"规则是美国学者布吉尼提出的，"3A"规则的内容是三个以"A"开头的英语单词：Accept、Appreciate、Admire。

礼仪的核心是尊重，"3A"规则强调的是在人际交往中向对方表达尊重之意的基本技巧。

1. Accept（接受对方）

在人际交往中，尊重交往对象首先应学会接受交往对象。具体而言，要接受以下三个要点。

（1）接受交往中的角色定位。在社会交往中，人们在不同的场合扮演着不同的角色，人与人之间的关系也有着微妙的变化，因此，只有明确交往中双方的角色定位并予以接受，才能正确表达尊重之意。例如，在服务岗位上，服务人员应以"顾客至上"的理念接受所有服务对象，明白为对方服务就是自己的工作职责，不能要求与服务对象处处"平等"。

（2）接受交往对象的差异性。每个人有每个人的生活环境、成长经历、文化背景、宗教信仰，在交往中，不能时时以自身的标准去衡量他人，要学会接受交往对象的不同。很多的差异从本质上而言并没有对错之分，因此应学会接受对方、适应对方。

（3）接受交往对象的错误。人难免犯错误，在交往中，对于他人的过错，应该以一颗宽容的心，多谅解他人，包容他人。

2. Appreciate（重视对方）

人人都希望在交往中被重视、被欣赏，如果在交往中让他人感到被重视，就能够有效地向对方表达出尊重之意。礼仪规范中处处体现着重视他人的理念，如正确记住对方的姓名并使用尊称称呼对方、与他人交谈时应看着对方、双手接过他人的名片并看一遍，这些规范都体现着对交往对象的重视。

3. Admire（赞美对方）

对交往对象给予一定的赞美和肯定，有助于快速拉近双方的距离。实际上，肯定别人等于肯定自己，赞美别人从另一个角度来讲也是在赞美自己，这些可以体现出自己的虚心、宽容，以及善于取长补短。

德国一家公司要求其员工每天在工作岗位上养成一个习惯——赞美所见到的第一个人。这个制度取得了良好的效果，公司的人际关系和谐融洽。这个制度的基本理念是当你把快乐送给别人时，别人会给你回馈，让你也感受快乐。

生活中处处有值得赞美的地方。在交往中，只要以真诚之心去发现，每个人都有值得赞美之处。当然，赞美他人要注意采用合适的方法技巧：应实事求是，切忌虚假胡编；应适可而止，切忌盲目夸大；应适合对方，切忌适得其反。

知识拓展

中国古代礼仪发展史

中国自古就是礼仪之邦，几千年来创造了灿烂的文化，形成了高尚的道德准则、完整的礼仪规范，被世人称为"文明古国，礼仪之邦"。礼仪在其传承沿袭的过程中不断变革。从历史发展的角度来看，中国古代礼仪的演变过程可以分为四个阶段。

1. 礼仪的起源时期：夏朝以前

礼仪起源于原始社会，在原始社会中、晚期（约旧石器时代），早期礼仪开始萌芽。整个原始社会是礼仪的萌芽时期，礼仪较为简单和虔诚，还不具有阶级性。其内容包括制定了明确血缘关系的婚嫁礼仪、区别部族内部尊卑等级的礼制、祭天敬神的一些祭典仪式，以及一些在人们的相互交往中表示礼节和恭敬的动作。例如，在旧石器时代，人们尊崇男女有别的思想；在炎黄、尧舜禹的时代，人们逐渐推出"三纲五常"的理论。

2. 礼仪的形成时期：夏、商、西周三代

人类进入奴隶社会，统治阶级为了巩固自己的统治地位把原始的宗教礼仪发展成符合奴隶社会政治需要的礼制，"礼"被打上了阶级的烙印。在这个阶段，中国第一次形成了比较完整的国家礼仪与制度。例如，"五礼"就是一套涉及社会生活各方面的礼仪规范和行为标准。古代的礼制典籍亦多撰修于这一时期。周代的《周礼》《仪礼》《礼记》就是我国最早的礼仪学专著，在汉以后的2000多年中，它们一直是国家制定礼仪制度的经典著作，称为《礼经》。

3. 礼仪的变革时期：春秋战国时期

这一时期，学术界形成了百家争鸣的局面，以孔子、孟子、荀子为代表的诸子百家对礼教给予了研究和发展，对礼仪的起源、本质和功能进行了系统阐述，第一次在理论上全面而深刻地论述了社会等级秩序划分及其意义。孔子非常重视礼仪，把"礼"看成是治国、安邦、平定天下的基础。他认为"不学礼，无以立""质胜文则野，文胜质则史。文质彬彬，然后君子"。他要求人们用礼的规范来约束自己的行为，要做到"非礼勿视，非礼勿听，非礼勿言，非礼勿动"。也是在这一时期，孔子提出了"仁"的概念，倡导"仁者爱人"，强调人与人之间要有同情心，要相互关心，彼此尊重。孟子把"礼"解释为对尊长和宾客严肃而有礼貌，即"恭敬之心，礼也"，并把"礼"看作人的善性的发端之一。荀子把"礼"作为人生哲学思想的核心，把"礼"看作做人的根本目的和最高理想，"礼者，人道之极也"，他认为"礼"既是目标、理想，又是行为过程。管仲认为"礼"关系到国家的生死存亡，把"礼"看作人生的指导思想和维持国家的第一支柱。

4. 礼仪的强化时期：秦汉到清末

在我国长达2000多年的封建社会里，尽管在不同的朝代礼仪文化具有不同的社会政治、经济、文化特征，但有一个共同点，就是礼仪一直为统治阶级所利用，是维护封建社会等级秩序的工具。这一时期礼仪的重要特点是尊君抑臣、尊夫抑妇、尊父抑子、尊神抑人。在漫长的历史演变过程中，礼仪逐渐变为妨碍人类个性自由发展、阻挠人类平等交往、窒息思想自由的精神枷锁。纵观封建社会的礼仪，内容大致包括涉及国家政治的礼制和家庭伦理两类。这一时期的礼仪构成中华传统礼仪的主体。

第二节 民航服务

一、服务的概念及内涵

随着社会的发展和进步，人们对服务的理解不断深入。服务的定义有很多，其中比较有代表性的定义是"服务是为他人利益或为某种事业而工作，以满足他人需求的价值双赢的活动。服务是一种人与人之间的沟通与互动"。服务对象是服务的接受者，服务人员是服务的生产者，服务依赖于二者而存在，是结果和过程的统一。

服务的定义体现了以下三点内涵。

（1）服务的目的是满足服务对象的需求。需求是服务的核心，作为服务人员应尽量满足服务对象的一切合理需求。在服务过程中，服务人员应善于发现需求、识别需求、引导需求，并不断改变和完善服务工作，以达到服务对象的满意。

（2）服务是双方互动交流的过程。服务作为产品是无形的，它是服务人员综合运用服务语言、肢体语言、服务技能、服务设备等与服务对象进行沟通交流的互动过程。

（3）服务的结果是双赢的。一次成功的服务是双赢的：一方面，服务人员完成了工作，实现了自身的价值，从中获得了成就感与满足感；另一方面，服务对象的自身需求得到了满足，享受了良好的服务体验。

二、民航服务的内容

1. 民航旅客乘机流程

旅客乘坐民航飞机出行，要经过如图1-1所示的服务环节。

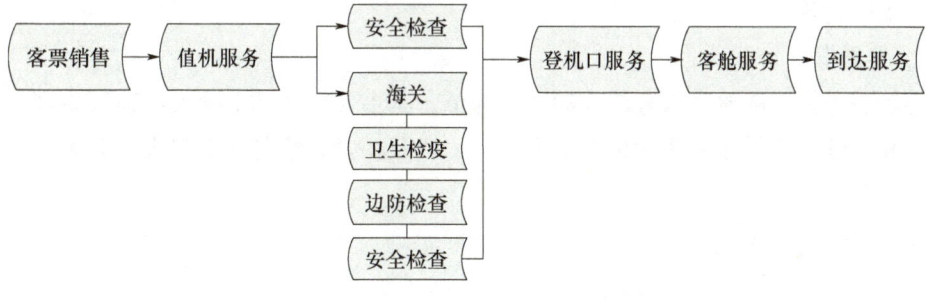

图1-1　民航旅客乘机流程

民航服务由一系列服务环节构成，前后服务环节不可颠倒，缺一不可，并且每个环节的服务质量会直接影响后续环节的进行。除了图1-1中所涉及的民航旅客乘机必经流程，民航还提供很多人性化的服务来更好地满足旅客的需求，如候机楼问询服务、广播服务、贵宾服务、特殊旅客服务等。

2. 民航主要服务岗位的工作内容

民航服务是以民航的各类设施为依托，为满足旅客需求而提供的一系列服务。民航服务主要包括客舱服务和地面服务两部分，环节繁杂，内容琐碎。以下列举一些民航主要服务岗位的工作内容。

1）客票销售

客票销售指通过售票柜台、电话、网络等各种方式，结合旅客需求，完成民航客票销售、座位管理和市场营销工作。

2）值机服务

值机服务是民航地面服务的一个重要环节，其主要内容包括查验旅客身份证件、安排座位、发放登机牌、收运行李、登机口旅客引导，以及旅客运输不正常情况的处理。

3）安全检查

安全检查是保障民航安全飞行及旅客人身和财产安全的重要岗位，其主要内容包括证件检查、人身检查、物品检查，以及飞机与隔离区监护。

4）候机楼问询服务

候机楼问询服务是地面服务的一个岗位，为旅客提供航班信息、机场交通信息及候机楼内的设施使用等一系列问询服务。目前，候机楼问询服务主要采用现场问询和电话问询两种形式。

5）引导服务

航空公司和机场通常在旅客出港、进港以及中转的整个流程中提供人员引导服务，以维持良好的现场秩序、疏导大量聚集的旅客、保证旅客顺利乘机。

6）联检服务

联检服务是机场地面服务的重要环节，是由口岸相关机构，包括海关、边防、检验检疫部门对出入境行为实施的联合检查。检查对象包括出入境人员、运输工具、货物和物品、动植物等。

7）客舱服务

客舱服务是民航旅客服务体验的核心环节，其主要内容是空乘人员确保旅客旅途中的安全和舒适、指导旅客使用机上安全设备，以及在紧急情况下组织旅客逃离飞机等。

三、民航服务的特点

民航作为一个典型的服务行业，有其不同于其他服务行业的特点。

1. 民航服务以安全为前提

安全是民航的首要任务，也是旅客的首要需求。因此，民航一切服务的提供必须以安全为前提，在保障旅客生命、财产安全的基础上，尽力满足旅客的其他需求，任何与

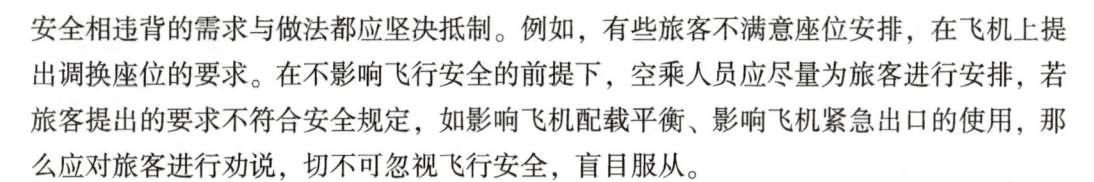

安全相违背的需求与做法都应坚决抵制。例如，有些旅客不满意座位安排，在飞机上提出调换座位的要求。在不影响飞行安全的前提下，空乘人员应尽量为旅客进行安排，若旅客提出的要求不符合安全规定，如影响飞机配载平衡、影响飞机紧急出口的使用，那么应对旅客进行劝说，切不可忽视飞行安全，盲目服从。

2. 民航服务质量受多方因素影响

民航服务质量的好坏不仅取决于服务人员，还依赖于多种因素。这里的多种因素主要有以下三个方面。

（1）硬件设施。民航服务依托于民航相关的设施设备，需要强大的硬件支撑，而不同的硬件条件会带给旅客不同的服务体验。例如，不同的机型、不同的登机方式（廊桥和摆渡车）、不同的候机环境等，这些都会影响旅客对服务质量的评价。

（2）不可控因素。很多时候，旅客对民航服务会有所不满，究其原因往往是一些不可控因素，如最常见的天气因素。恶劣的天气情况会造成航班的延误、取消、备降等不正常情况，这直接影响到旅客对民航服务的满意度。

（3）旅客的因素。旅客作为民航服务的接受者，其个体的差异使得每个旅客对服务的期望值不同，对服务的评价也就各不相同，因此民航服务要根据旅客的不同情况提供个性化服务。另外，旅客在不同时期享受服务也会有所区别，如旅客心情低落时对服务会更加挑剔，而心情舒畅时往往容易获得愉快的体验，对工作人员也更加配合。

3. 民航服务内容繁杂

民航产品是实现旅客或货物的空间地理位置的转移。这个转移的过程涉及一系列服务环节，最初的购票、机场地面交通、值机服务、安检服务、联检服务、空中服务、候机楼商业服务、到达服务，每个环节都包含着众多的服务内容。特别在民航业竞争日趋激烈的今天，各航空公司、机场为了达到旅客满意的最大化，提供了许多特色服务内容。民航业务已不再是简单的飞行，它所需要提供的服务还涵盖了餐饮、住宿、娱乐、咨询、医疗、商务、购物等方面。服务内容的增加有助于旅客满意度的提高，但同时也增加了服务的难度，对民航从业人员提出了更高的要求。

4. 民航服务的个性化需求高

随着社会的进步，民航发展日渐大众化，民航服务不再是少数人才能够享受的"奢侈品"。随着民航旅客的构成越来越复杂，个体间的差异性将不断扩大，并且民航旅客对民航服务的期望值普遍较高，完全标准化的服务很难使旅客感到满意，因此各航空公司根据旅客需求提供了相应的个性化服务。例如，在黄金周期间，深圳航空某旅游航线上，空乘不再穿着传统制服，而是换上了休闲活泼的运动装，以迎合旅客的出行体验，得到了旅客良好的评价。

5. 民航服务对服务人员要求高

民航服务的特殊性使得这个行业对服务人员有着较高的要求。一名优秀的民航服务人员需要具备良好的外形条件、优良的身体素质、娴熟的业务技能、稳定的心理素质、良好的沟通能力等，因为只有具备良好的综合素质，才能为旅客带来高品质的服务。

四、旅客需求与民航服务

民航服务的本质，归根结底就是满足旅客的需求。需求是行为的动力源泉，没有需求的存在，行为尤其是有意识、有目的的行为就不可能发生。因此，只有及时了解、掌握旅客的各种需求，才能把握好服务的尺度和方向，才能赢得旅客的满意。

1. 民航旅客的一般需求

人们选择民航作为出行方式，往往具备以下四种心理需求。

1) 求安全

飞行的安全性是旅客关心的首要问题，如果安全得不到保障，那么其他所有的服务都是空谈。

2) 求效率

快速性是民航较之于其他运输方式的最大优点，也是旅客选择民航的最重要原因。如果效率得不到保证，那么民航将失去其核心竞争力。目前，我国民航的航班延误问题有了显著改善，同时各民航企业通过优化服务流程、拓展服务方式、使用自动化设备等措施进一步提高效率，为旅客节省时间，从而满足旅客对快速性的需求。

3) 求舒适

民航作为高端的交通运输方式，其设施设备及服务都是高品质的代表。从便捷的购票流程、快捷的机场交通、舒心的候机环境到舒适的飞行过程，无不体现着民航的舒适性。旅客期望得到舒适的享受，对民航硬件、软件的舒适性都有较高的需求。

4) 求尊重

民航旅客往往有较强的自豪感，对于多数旅客而言，乘坐飞机是体面的事。因此，旅客在享受服务时有很强的尊重需求，需要被重视，希望看到热情的笑容、听到友善的话语，无法接受被冷漠对待、被拒绝、被指责。民航服务应时刻关注旅客的尊重需求，尽力给予满足。

2. 民航旅客的个性化需求

由于个体的差异性，民航旅客除了具备共性需求，往往还有很强的个性化需求。以下列举一些常见特殊旅客的个性化需求及相应的服务措施。

1) 重要旅客

重要旅客是航空公司的重要客户资源，他们往往有一定的身份和地位，相对于普通旅客乘坐飞机的机会更多，因此对服务的要求会更高，也更加挑剔。另外，重要旅客比较典型的心理特征是自我意识强烈、尊重需求高。因此，在对重要旅客的服务中应特别关注对方的尊重需求，如对重要旅客冠以姓称呼、保证其行李后进先出等都是满足其尊重需求的具体服务体现。

2）初次乘机旅客

初次乘机或乘机经验较少的旅客因对民航的相关流程不了解、不熟悉，会有更多的疑问和紧张感，但又不好意思主动寻求帮助。因此，服务人员应主动、耐心地给予关心和帮助，不能嘲笑和指责他们。例如，常有旅客不了解不同航空公司的航班应在不同值机柜台办理乘机手续，若服务人员以一句"您的航班不在这里办理"简单打发，会让他们无所适从，因此服务人员应该同时给其明确的指引。

3）老弱病残旅客

老弱病残旅客特别敏感，有很强的自尊心，同时也有很强的自卑感。他们希望事情都尽可能自己来做，不愿意寻求他人的帮助。因此，服务人员在主动给予帮助的同时应注意语言及服务方式，不要给对方造成心理压力。

3. 识别旅客需求

旅客的需求多种多样，只有正确及时地识别旅客的需求，才能提供到位的服务。在工作中，服务人员应从"望、闻、问、切"四点着手。

（1）望：细心观察。服务人员应时刻关注旅客的行为举止，从细微之处观察其内心感受，体会旅客的心理变化及需求。

（2）闻：有效倾听。服务人员应认真倾听旅客的每一句话、每一个字，不随意打断对方；不仅要听清内容，还应注意旅客讲话时的语音、语调、神态表情等，听出"话外音"。

（3）问：积极探询。询问是最直接有效的方式，当对旅客的需求有疑问时，服务人员应多问问旅客，采用合适的语言探寻旅客的真实需求。

（4）切：用心感受。服务人员应以真诚的心面对旅客，只有站在旅客的角度去思考问题，才能赢得旅客的信任、发现旅客的需求。

第三节　民航服务礼仪

民航服务礼仪，是礼仪在民航服务过程中的具体运用，是民航服务人员对旅客表示尊重、敬意、友好的一系列行为规范或程序。民航服务礼仪通过塑造民航服务人员良好的外在形象，进而塑造企业形象，是民航企业服务的重要组成部分。掌握民航服务礼仪是民航服务人员必须具备的基本素质。

一、民航服务礼仪的内容

民航服务礼仪使无形的民航服务有形化、规范化、系统化，是体现民航服务的具体过程和手段。它主要包括四个方面的内容。

1. 民航服务人员的个人形象礼仪

民航服务人员的个人形象礼仪包括服饰礼仪、仪容仪表礼仪、仪态礼仪。民航服务人员在工作岗位上的个人形象代表着所在企业的形象，在上岗前必须严格按照相关礼仪规范打造个人形象，在服务过程中应时刻注意个人形象的维护和保持。

2. 民航服务人员的语言礼仪

语言是服务工作最重要的沟通工具。正确地使用服务语言可以达到事半功倍的效果，反之，不恰当的语言可能造成好心办坏事的局面。因此，民航服务人员应掌握正确的服务语言规范，灵活运用语言沟通技巧。

3. 民航服务人员日常服务礼仪

在服务过程中，民航服务人员每天要与不同国家、不同地区、不同民族的各类的人群打交道，掌握相关的日常服务礼仪有助于消除沟通障碍、促进情感交流，从而达到良好的服务效果。民航日常服务工作中常用到的服务礼仪有见面礼仪、外事礼仪、接访礼仪等。

4. 民航服务人员的岗位礼仪

民航服务涉及的岗位繁多，每个岗位的工作职责和工作内容各不相同，面对的旅客需求及心理也有所差异，因此不同的岗位有其特有的礼仪规范。民航服务人员在熟悉日常服务礼仪的基础上，还应结合岗位特点，掌握特定的岗位礼仪，并在工作过程中进行进一步的探索和总结。

二、民航服务礼仪的重要性

在民航企业竞争日益激烈的今天，服务质量与旅客满意度的较量是民航企业关心的首要问题。民航服务礼仪作为民航从业人员的基本职业素养得到了民航企业的普遍关注和重视。

对于民航服务人员而言，良好的民航服务礼仪有助于塑造良好的外在形象，提高个人修养和综合素质；对于服务工作而言，良好的民航服务礼仪有助于更好地传递对旅客的尊重和友好之情，使服务工作更加顺利地开展；对于民航企业而言，良好的民航服务礼仪有助于提升企业服务水平和服务质量，进而提高企业的经济效益和社会效益；对于国家而言，国际性的民航企业是国家对外展示的窗口，良好的民航服务礼仪有助于向国际友人展示我国良好的精神风貌和文明程度，树立良好的国家形象。

三、民航服务礼仪的基本要求

1. 优质服务

优质服务要求民航服务人员应时刻严格要求自己，不断提高自身的服务技能和服务

质量，向旅客提供高标准、高品质的优质服务。

2. 规范服务

规范服务要求民航服务人员必须严格按照相应的岗位服务要求提供规范化、标准化、程序化的服务。

3. 灵活服务

灵活服务要求民航服务人员在规范服务的基础上，应具备灵活应变的能力，掌握科学的服务技巧，灵活处理旅客的个性化需求及突发事件。

4. 平等服务

平等服务要求民航服务人员应对所有的旅客一视同仁、平等相待，不可根据个人的喜恶偏好对旅客区别相待、厚此薄彼。

5. 主动服务

主动服务要求民航服务人员以积极主动的服务态度投入工作，主动探询旅客需求，在旅客未提出之前主动满足其需求。

6. 热情服务

热情服务要求民航服务人员在工作中应始终保持对工作的热情和对旅客的热情，做到真诚服务、表里如一。

7. 适度服务

适度服务要求民航服务人员在提供热情服务的同时，要注意把握分寸，适度得体，保持适当的"距离"。

第四节　民航服务意识

一、服务意识的概念

意识是人脑对于客观事物、事件的反映，是感觉、思维等各种心理过程的总和，是人们对外界和自身的觉察与关注。它具有自觉性、目的性和能动性三大特性。

服务意识是指企业全体员工在与一切企业利益相关的人或企业的交往中所体现的为其提供热情、周到、主动的服务的欲望和意识，即自觉主动做好服务工作的观念和愿望。它发自服务人员的内心，是服务人员的一种本能和习惯，可以通过培养、教育、训练形成。

二、民航服务意识的培养

案例 1-2

武汉机场的一位值机员在柜台工作期间,一位外宾神色慌张、急急忙忙地跑到她的柜台前,说有急事要离境,想要乘坐即将起飞去上海的一个航班。

按规定,这位值机员完全可以一推了之,请他到候补窗口去。但她没有这样做,而是请外宾稍候,自己查了该航班的座位情况,发现127个座位全部满了,连机组的一个座位也给了一个急于去上海采访的记者。

一般在这种情况下,值机员只要说"对不起,先生,确实没有去上海的机票了,请您乘坐明天的航班好吗"也就算尽力了。但这位具有高度责任心和强烈服务意识的值机员体会到这位外宾的焦急情绪,她没有简单地说"对不起",而是积极地帮助外宾想办法。

她发现在该航班中有位女士带着一位不到两岁的孩子,孩子有一个座位。她急忙找到这位女士,与其商量看能否让出一个座位。得到女士的同意后,她又急忙陪外宾到候补窗口办理补票手续。最后这位外宾顺利坐上了去上海的航班。

服务意识是提供优质服务的基础,是一名合格的民航服务人员必须具备的基本职业素质,服务技能和服务技巧只有在正确服务意识的基础上才能得到有效发挥。民航工作中许多旅客的不满及投诉究其原因就是服务人员服务意识淡薄造成的。民航企业应重视服务意识的培养,服务人员缺乏服务意识,就无法激发服务的主观能动性,必然影响服务质量。培养正确的民航服务意识,应正确认识自身的工作及所面对的旅客。

1. 正确认识自身的工作

很多民航服务人员从内心上不认可自己的工作,甚至有一种自卑感,认为服务工作低人一等、不重要、很简单,在工作中找不到乐趣。以如此心态投入工作,自然无法提供优质服务,无法享受到工作的乐趣。因此,树立正确的服务意识,首先要认可服务工作,认识到自身工作的重要性和价值。

服务是一种创造价值的行为,它通过满足他人的需求来达到双赢。民航各个环节的服务对旅客而言都十分重要,优质的服务工作不仅可以使旅客满意,而且可以让民航服务人员从中体会到工作的成就感,并实现自身价值。

2. 正确认识所面对的旅客

民航服务人员每天要面对众多来自不同国家、地区和民族的性格各异的"陌生人"。如何看待旅客将直接影响民航服务人员的工作热情。在服务工作中,应尽量减少自身对旅客的情感喜好,公平地对待每一位旅客,将每一位旅客看成是熟人、朋友甚至亲人,这样就能更加用心地服务,体会到服务带来的快乐。

三、同理心

1. 同理心的概念

同理心是指在人际交往过程中，能够体会他人的情绪和想法，理解他人的立场和感受，并站在他人的角度思考和处理问题。

同理心就是换位思考，将心比心，把自己想象成当事人，设身处地地去感受他人、体谅他人。

2. 同理心在民航服务中的作用

同理心能够帮助民航服务人员更好地完成服务工作，具体表现在以下几个方面。

1）同理心有助于发现旅客需求

在服务工作中，面对旅客的异样举动或要求，民航服务人员应换位思考，从而发现旅客的真实、潜在需求。

例如，在值机柜台，看到一些旅客在将自己的托运行李搬上传送带时小心翼翼，民航服务人员应想到人们只有对贵重物品或易碎物品才会这样，那么就应询问旅客行李中的物品内容并将相关贵重物品、易碎物品托运规定告知，以降低旅客的行李损失的概率。

2）同理心有助于获得旅客的信任

信任关系来源于同理心。要建立信任关系，民航服务人员就要在服务交往中体现出同理心，让旅客真切感受到民航服务人员不仅仅是企业的代表，还是一个可以从他的角度出发看待问题，可以理解他、为他解决问题的人。

3）同理心有助于获得旅客的理解

人和人之间的交往是相互的行为，同理心在帮助民航服务人员拉近与旅客的距离、获得旅客信任的同时，也有助于其获得旅客的理解与配合，便于顺利地开展服务工作。

4）同理心有助于降低旅客的不满

当旅客不满或有意见时，让旅客在第一时间感受到民航服务人员的同理心是非常重要的。当旅客感受到自己的不满或意见被理解时，往往情绪上会有所缓和，这样便于问题的后续解决。

在旅客抱怨时，不妨先用语言让旅客感受到民航服务人员的理解，如"您的心情我可以理解""要是我碰上这样的事情，我或许也会跟您一样""我们也经常遇到客人跟您有相同的想法"等。这些语言传递给旅客"你的感觉，我懂"的含义。这种同理心有利于拉近与旅客的距离，获取旅客的信任，降低旅客的不满。

四、民航服务意识的内容

1. 一切以旅客为中心

在不违反法律法规、不违背道德标准、不影响飞行安全的前提下，民航服务应一切以旅客为中心，服务的设计以旅客的需求为出发点，服务的提供以旅客满意为标准。民航服务人员在工作中应把自身利益的实现建立在服务旅客的基础上，想旅客之所想，急旅客之所急，通过让旅客满意来体现自身的工作价值。

2. 客人永远是对的

"客人永远是对的"，这句话并不是对客观存在的事实所做出的判断，它只是对民航服务人员应该如何去为旅客服务提出了一种要求，提出了一个口号。它要求民航服务人员应该站在旅客的立场上去考虑问题，给旅客以充分的尊重，并最大限度地满足旅客的要求。具体体现在以下四个方面。

（1）充分理解旅客的需求。对于旅客提出的超越民航服务范围的正当合理的需求，不应一概看作旅客的刁难，可能是服务产品的不足，应尽量将其作为特殊服务予以满足，并感谢旅客对工作提出了合理化的建议。若确实难以满足，必须向旅客表示歉意，取得旅客的谅解。

（2）充分理解旅客的想法和心态。有些旅客的怒气和不满并不一定来源于对服务产品的不满，而是因其他场合的不满而迁怒于民航，如因身体、情绪等而怒气大发。面对这种情况，民航服务人员应给予理解，并以更优的服务去感化旅客。

（3）充分理解旅客的误会。由于地域、文化、知识、经历等差异，旅客对民航的规则或服务不甚理解而提出种种意见和不满，甚至拒绝合作，民航服务人员应耐心向旅客做出真诚的解释，并力求提出旅客满意的解决方式。

（4）充分理解旅客的过错。由于种种原因，旅客提出一些过分的要求，甚至有些旅客故意挑毛病，或强词夺理，民航服务人员应秉持"旅客至上"的原则，把"理"让给旅客，给旅客以面子。

案例 1-3

在值机柜台，一位旅客的行李包装不符合要求，值机员小王告诉这位旅客具体的要求并让他重新打包。旅客离开柜台并对行李包装进行了改善，随后又来到小王的柜台前。小王发现旅客的包装仍然不符合要求，不能办理托运。这时，旅客暴跳如雷，认为小王第一次没有把要求说清楚，工作不认真，指责小王故意为难他，耽误他的时间。小王感到很委屈，反驳旅客："是您没听清我刚才说的，我已经告诉您应该……"接下来，双方开始了激烈的争执。

案例中，或许是旅客没有正确理解小王的话语，也或许是小王没有解释清楚，这已经无从取证了，也没有必要去证明，这只会让旅客更加不满。旅客第二次到达柜台因行李包装仍然不符合规定而迁怒于小王是可以理解的。小王不应与旅客进行争辩，而应该先表达歉意，把"对"让给旅客，平息旅客的情绪，并马上帮助旅客正确打包，为旅客节省时间，让旅客满意。

"客人永远是对的"是服务工作的一个理念，客观上讲，旅客肯定会犯错，但民航服务人员在主观认识上要尽量把"对"让给旅客，切不可指责旅客。

3. 时刻准备为旅客提供优质服务

民航服务人员应具备提供优质服务的主观能动性，时刻准备着以饱满的服务热情、亲切的服务态度、娴熟的服务技能为旅客提供满意的服务。简言之，民航服务人员应做到用心服务，快乐工作。

思考与练习

(1) 什么是礼仪？简述礼仪的特性及原则。

(2) 举例说明礼仪的"3A"规则在人际交往中的使用。

(3) 民航服务礼仪包含哪些内容？它对民航服务人员提出了哪些基本要求？

(4) 民航旅客的一般需求有哪些？举例说明民航旅客的个性化需求。

(5) 在民航服务工作中识别旅客需求的方法有哪些？

(6) 什么是同理心？简述同理心在民航服务中的作用。

案例分析题

王小姐乘坐飞机去上海，到达机场时时间较紧，担心来不及办理乘机手续，便将车临时停在候机厅外，带着行李先到柜台办理乘机手续。因为排队的人多，王小姐担心车被交警抄单，与值机员商量可否先为其办理。值机员冷漠地拒绝，并告之："还有15分钟，可以先停车再来办手续。"王小姐行李较多，于是同值机员商量能否帮忙照看下柜台旁的行李，值机员再次拒绝了王小姐的请求。王小姐只好拉着行李到停车场，再拉着行李一路小跑到值机柜台办理手续，十分匆忙。当王小姐办完乘机手续排队过安检时已经听到催促登机的广播了，王小姐险些误机。事后王小姐投诉值机员不能急旅客之急，服务态度恶劣。

请分析： 案例中值机员的做法是否欠妥？请结合旅客需求、服务意识、同理心分析这位值机员面对王小姐的请求应如何妥当处理。

实训项目

(1) 组织学生结合民航服务的内容及特点，讨论学习民航服务礼仪的重要性。

(2) 以小组为单位，走访一两位民航从业人员，了解他们对民航服务意识的认识及体会。

(3) 以小组为单位，以民航旅客的需求为主题，设计调查问卷，到当地机场对旅客进行调研，总结民航旅客的常见需求并进行排序，分析旅客需求与旅客特征（年龄、职业、收入、性别等）之间的关系。

第二章　民航服务人员形象礼仪

学习目标

（1）掌握男士西装、女士西服套裙的穿着规范。
（2）熟悉各种佩饰的使用规范。
（3）能够正确、规范地穿着民航制服。
（4）掌握民航服务人员的仪容修饰要求。
（5）学会民航服务人员工作妆容的修饰技巧。
（6）掌握民航服务工作中常用的站、坐、行、蹲的动作规范。
（7）理解并能正确地运用服务手势。
（8）认识微笑服务的重要性，掌握"一度""二度""三度"微笑的技巧。

第一节　服饰礼仪

服饰，即人们的装束与佩饰。服饰是人的"第二张脸"，它是一种无声的语言，不仅体现着一个人的个性、身份和地位，还反映着一个人的审美能力、道德修养和礼仪水平，并且能使人们的多种社会需求和个人心理需求得到满足。民航服务人员的服饰是个人外在形象的重要组成部分，能够充分展现民航服务人员良好的职业形象，同时也体现所在企业的外在形象。

一、职业着装原则

1. 整洁性原则

着装的整洁性原则是民航服务人员着装应遵守的最基本原则。保持着装的整洁，不仅可以体现个人积极饱满的工作状态和礼仪修养水平，而且还是对服务对象的基本尊重和礼貌。

整洁性原则强调民航服务人员的着装必须保持干净整洁，应将服饰熨烫平整，不能有异味、污渍、残破、褶皱等。例如，衣服的扣子要齐全，皮鞋应该经常擦拭上油，衣领和袖口不能有污渍，袜子要勤洗、勤换。

2. 规范性原则

规范化、标准化的着装要求有利民航企业树立企业形象、展示企业文化，同时有助提高民航服务人员的责任感、荣誉感和社会监督意识。民航服务人员在工作期间应严格遵守企业的着装规范，不可独树一帜。例如，上班期间应统一穿着制服，女士的丝巾应按照规定系戴，不可在制服上添加额外的佩饰，换季时应按照企业的统一换装时间进行制服的更换。

3. TPO 原则

TPO 原则是目前国际通用的着装惯例，是日本男装协会在 1963 年正式提出的。

TPO 是英文时间（Time）、地点（Place）、场合（Occasion）三个单词的缩写。TPO 原则的基本含义是要求人们在穿着、化妆及佩戴首饰时均应与时间、地点、场合相适应。

1）时间原则

时间原则要求人们的着装应随着时间的变化而变化。时间包括每一天的早上、下午和晚上，也包括每年春、夏、秋、冬四个季节的更迭，以及不同的时期和时代。因此，在着装的选择上必须考虑时间因素，选择合时宜的服饰。

2）地点原则

地点原则也称环境原则，要求人们注重着装与地点、环境的协调性。地点包括室内与室外、单位与家中、乡村与城市。因此，应根据地点（环境）的变化而选择合适的服饰。

3）场合原则

场合原则是指特定服饰所蕴含的信息内容必须与特定场合的气氛相吻合。场合原则是人们约定俗成的惯例，具有深厚的社会基础和人文意义。不同的场合不仅在气氛上有所差异，而且在重要程度和规范风俗上也有所不同。例如，许多西方国家都有一条明文规定，人们去歌剧院欣赏歌剧一类的演出时，男士一律着深色晚礼服，女士着装也要端庄雅致，以裙装为宜，否则不准入场。

对于职业人士而言，主要的场合有三种：第一种，上班时间，上班时间着装要求庄重保守，企业制服或职业套装是常见的选择，除此之外，还可考虑选择长裤和长袖衬衫，不宜穿着时装、便装；第二种，社交场合，这里是指工作之余的交际应酬，如宴会、舞会等，着装要求时尚个性，可选用时装、礼服、民族服装等，不宜穿着制服参加；第三种，休闲场合，这里指的是个人自由活动的时间，如居家休息、健身运动、观光游览、逛街购物等，在休闲场合不应选择各种制服套装，可根据需要选择舒适方便的服饰。

二、男士职业着装礼仪

西装是目前国际上通用的男士正装，它美观大方、做工讲究、穿着舒适，是职业男士公认的着装选择。

1. 西装的选择

选择西装必须考虑颜色、款式、面料和做工等因素，力求达到裁剪合体、整洁笔挺、搭配协调，穿着后给人以可靠、精干、高雅的印象。

（1）面料挺括。选择的西装面料应该挺括、垂感好，以不易起皱的全羊毛或高比例羊毛化纤混纺面料为首选。男士在正式场合穿着的西装套装应选择同一面料、同一颜色，不宜混搭。

（2）颜色和谐。正式场合穿着的西装可选择黑色、深蓝色、深灰色等颜色的面料，日常穿着的休闲西装的颜色可以有所变化。根据西装—衬衫—领带这三者的顺序，排列出以下几种配色方案供参考：深—淡—深，如西装为深蓝色、衬衫为淡蓝色、领带为深蓝色，这是普遍搭配法；淡—中—淡，如西装为驼色、衬衫为棕色、领带又为驼色，这种搭配法让人产生舒适明快的感觉；深—中—深，如西装为黑色、衬衫为浅灰色、领带为深灰色，这种搭配会给人留下优雅美观的印象。

（3）款式得体。西装有很多款式（扣子有单、双排之分，扣眼有1、2、3粒之分，背部有开叉与不开叉、开一个叉还是两个叉之分），需要根据身高、体型选择合适的款式。西装讲究合身，衣长应长过臀部，垂下手臂时袖口与虎口相平为宜；胸围以穿一件V领毛衣后松紧度适宜为好；袖子长度在手臂自然伸直时至手腕部为佳；裤腰大小以合扣后伸入一手掌为标准；裤长以裤脚正好触及鞋面为妥；裤带系好后留有皮带头的长度一般为12厘米左右，介于第一个和第二个裤绊之间，过长或过短都不符合美学要求。

（4）做工精细。西装七分在做，三分在穿。挑选西装时，检查其做工的优劣需注意以下几点：看其衬里是否外露；看其衣袋是否对称；看其纽扣是否缝牢；看其表面是否起泡；看其针脚是否均匀；看其外观是否平整。

2. 穿着西装的细节讲究

一套合体大方的西装可使男士显得精神奕奕、风度翩翩、富有魅力。西装的穿着十分讲究，它需要搭配合适的衬衫、领带、皮带、皮鞋、袜子等。穿着西装应该注意以下细节。

1）纽扣

西装上衣有单排扣和双排扣之分，其中单排扣还有一粒扣、两粒扣和三粒扣之分。西装纽扣的系法很有讲究：穿双排扣西装时，必须扣上全部纽扣；穿单排三粒扣西装时，仅扣中间一粒或中、上两粒纽扣；穿单排两粒扣西装时，应扣上一粒纽扣；穿单粒扣西装时应将单粒扣扣上；除单粒扣西装外，不允许扣上单排扣西装的全部纽扣，因为"扣上粒为正式，两粒都扣显土气，一粒不扣是潇洒，只扣下粒太俗气"。

关于男士西装扣子的系法还有"站时系扣，坐时解扣"的说法。在较为正式的场合，男士站立时一般不应将纽扣全部解开，但在坐下时应解开西装纽扣，如此西装才能随着身体的弧度自然服帖地顺势而下，使线条看起来流畅，且不会有束缚的感觉。当要站起时,应在第一时间系好西装的第一粒纽扣,以表示对他人的尊重。

2)衬衫

搭配西装的衬衫应为正装长袖衬衫,颜色应与西装颜色相协调,以单色为宜。在选购衬衫时,衬衫领子必须是硬质的,衬衫的领围以合领后可自由伸入一个手指为宜。穿好西装后,衬衫领口应高出西装领口 1 厘米左右,衬衫袖子长度应露出西装袖口 1~2 厘米。

衬衫在穿着过程中要特别注意:不管是否与西装搭配,衬衫的下摆必须扎进西裤里面;打领带时衬衫领口的扣子必须系上,不打领带时不要系第一粒纽扣,否则会给人忘了打领带的感觉;当长袖衬衫不与西装上衣合穿时,袖口可挽起两层,但绝对不能挽过肘部。

3)领带

领带的前身是领巾,出现于 17 世纪的法国。领带作为西装的灵魂,是西装的重要装饰品,凡是在正式场合穿着西装就必须打领带,否则会被认为衣冠不整、缺乏礼貌。

领带色彩、图纹的选择应与西装及衬衫的色彩相协调,蓝色、灰色、暗红色、细条纹的领带是职业男士较为常见的选择。黑色领带除参加葬礼外,一般不宜使用。此外,还应注意选配面料挺括平整、款式较新的领带,千万不可选易拉结,即俗称的懒人领带。

领带的打法有很多,其总体要求是挺括、端正,并且领结的外观呈倒三角形,领结的大小应与衬衫领子的大小形状成正比,领带中部应尽量压出一道小凹槽。领带打好后的标准长度是其下端的大箭头正好垂到皮带扣的上端。以下是几种常见的职业男士的领带打法。

(1)平结:平结是男士常用的领带打法之一,其打法较为简单,适用于各种材质的领带,适合窄领衬衫。平结会在领结的下方形成一个较深的凹洞,要注意两边需均匀对称,以求美观。平结的打法如图 2-1 所示。

图 2-1　平结的打法

(2)温莎结:温莎结是因温莎公爵而得名的领带结,是最正统的领带打法。它打出的领结饱满有力,适合搭配宽领衬衫,不适用于材质过厚的领带。使用温莎结时注意宽边先预留较长的空间,领结应多向横向发展,勿打得过大,绕带时的松紧度会直接影响领结的大小。温莎结的打法如图 2-2 所示。

(3)交叉结:交叉结适用于单色素雅且面料较薄的领带。它的特点在于打出的领结有一道分割线,要注意系完后领结的平整。交叉结的打法如图 2-3 所示。

图 2-2　温莎结的打法

图 2-3　交叉结的打法

（4）双环节：双环节是较为时尚的打法，适合年轻人使用。它的特点是系完后第一圈会稍露在第二圈之外，无须刻意盖住。双环结的打法如图 2-4 所示。

图 2-4　双环节的打法

（5）双交叉结：双交叉结体现出男士高雅且隆重的气质，适合正式活动场合。它多适用于素色丝质领带，使用时注意宽边从第一圈与第二圈之间穿出，完成集结充实饱满。双交叉结的打法如图 2-5 所示。

图 2-5　双交叉结的打法

4）领带夹

领带夹作为饰物的主要用途是固定领带，使领带笔直。穿西装套装使用领带夹时，应将其别在特定的位置，即从上往下数，在衬衫的第四粒与第五粒纽扣之间，扣上西装上衣的扣子后从外面一般应看不见领带夹。在单穿长袖衬衫时没有必要使用领带夹，更不要在穿夹克时使用领带夹。

5）衣袋

穿着西装时应特别注意衣袋里少装东西或不装东西，以确保西装穿着的整齐、挺括。西装衣袋的用处是有讲究的，通常，上衣左外侧衣袋也叫手巾袋，用于插放叠成花形的装饰用手帕；上衣内袋可装少量名片、证件、票夹；上衣外侧下方的衣袋不放任何物品；西装裤子两侧口袋一般不放东西，以求裤形美观；裤子后侧的口袋可放少量纸巾、手帕、零钱。

6）鞋袜

穿西装一定要配皮鞋，即使夏天也应如此。皮鞋颜色要与西装颜色相衬，黑色皮鞋是最实用的选择。款式上，系带皮鞋与西装是最好的搭配。个子较矮的男士应避免穿带有较高后跟的鞋，那样会把他人的视线吸引到脚上，可选择有内跟的皮鞋。皮鞋要经常上油擦亮，保持鞋面光亮明净，不留灰尘和污迹。

穿西装皮鞋时，应选择与皮鞋颜色近似或相同的单色、深色袜子，带不显眼的条纹、方格图案也可以，颜色应比西装深一些。切忌穿白色、花色、艳色袜子，那样会显得不伦不类。在袜子款式的选择上，要注意袜筒的长度。若袜筒太短，坐下时会露出腿部皮肤或腿毛，这是不礼貌的表现。

3. 西装穿着的"三个三"

（1）三色原则，即指男士在穿着西装时，全身不要超过三个色系，颜色要尽量少，但西装、衬衣、领带、鞋袜不要完全一样，否则会显得呆板。

（2）三一定律，即指男士在穿着西装时，其鞋子、腰带、公文包在颜色的搭配上至少应当保持协调一致，以体现装束的整体美。黑色是最理想的选择。

（3）三大禁忌，即西装袖口的商标牌没有拆掉、穿夹克打领带、穿西装搭配白色袜子或尼龙袜子。

三、女士职业着装礼仪

女士的职业着装应简洁大方，以打造女士优雅、干练的职业形象。套裙是职业女士出席正式场合的首选服饰，它不仅能塑造女性精明干练、富有权威的形象，而且能体现独特的女性魅力。

1. 套裙的选择

选择套裙时应结合自身特点，综合考虑颜色、款式、面料和做工等因素，力求达到裁剪合体、搭配协调、简洁大方的效果，穿着后给人以可靠、精干、优雅的印象。

1）款型得当

套裙的款型，具体是指它的外观与轮廓。从总体上讲，款型的基本轮廓可以大致分为H型、X型、A型、Y型四种类型。女士可根据自身的身材特点及喜好进行选择。

（1）H型套裙。H型套裙是指上下无明显变化的宽腰型服饰，上衣较为宽松，裙子多为筒式，上衣与下裙给人以直上直下、浑然一体之感。这种套裙既可以让着装者显得优雅、洒脱，也可以为身材肥胖者遮掩赘肉。

（2）X型套裙。X型套裙上衣多为紧身式，裙子则大多是喇叭式，以上宽下松来突出着装者纤细的腰部，体现女士的自然曲线美。此种类型套裙轮廓清晰而生动，可以令着装者看上去婀娜多姿、楚楚动人。

（3）A型套裙。A型套裙通常上衣为紧身式，裙子则为宽松式。这种套裙既可体现着装者上半身的身材优势，又能适当地遮掩其下半身的身材劣势。

（4）Y型套裙。Y型套裙与A型套裙的造型相反，即上衣为松身式，裙子多为紧身式，并多以筒式为主。其基本造型为上松下紧，结构简练，意在遮掩着装者上半身的短处，同时体现下半身的长处。

2）色彩端庄

套裙颜色的选择应当以冷色调为主，借以体现着装者的典雅、端庄与稳重，切不可选用鲜亮抢眼的色彩。同时，还须使之与当下风行的各种"流行色"保持一定的距离，以示职业与稳重。

具体而言，标准而完美的套裙的色彩，不仅要兼顾着装者的肤色、形体、年龄与性格，而且要与着装者从事活动的具体环境协调一致。在一般情况下，各种加入了一定灰色的色彩（如藏青、炭黑、烟灰、雪青、茶褐、土黄、紫红等稍冷一些的色彩），往往都是职业女士较常见的选择。

套裙的色彩不受单一色彩的限制。以两件套套裙为例，上衣与裙子除可以是一色的外，还可以采用上浅下深或上深下浅两种并不相同的色彩，使之形成鲜明的对比，来强化其留给他人的印象。在上面所提及的两种套裙色彩的组合方法中，前者庄重而正统，后者则富有活力与动感，二者各有千秋。

有时，即使是穿着的上衣与裙子是同色的套裙，也可以采用与其色彩不同的衬衫、领花、丝巾、胸针、围巾等衣饰，来对其加以点缀，从而使之生动而活跃。此外，还可以采用不同色彩的面料来制作套裙的衣领、兜盖、前襟、下摆，使套裙不那么单调刻板。不过还是应当切记：一套套裙的全部色彩至多不要超过两种，否则就会显得杂乱无章。

3）大小合适

套裙讲究合身，过于紧身显得不够稳重，过于宽松显得不够干练。套裙的上衣最短可以齐腰，最长不可长于臀部。裙子的长度应该长及膝盖，坐下时裙子会自然向上缩短，如果裙子上缩后离膝盖的长度超过10厘米，则表示这条裙子过短或过窄了。

2. 穿着套裙的细节讲究

1）衬衫

职业套裙往往需要和衬衫搭配着穿。衬衫的款式应选择有领的正装衬衫，不带花边、蕾丝等装饰；面料以棉、丝绸、涤棉为宜；色彩应与套裙色彩相协调，以单色为主。

穿着衬衫时应特别注意以下三点：一是衬衫下摆必须放入裙内，不可露于裙外；二是衬衫的纽扣除最上端的一粒按照惯例允许不扣上外，其他的必须全部扣好，不允许随意解开；三是在正式场合，不能脱下套裙上衣，将衬衫直接外穿。

2）内衣

内衣包括内裤、胸罩、连体塑身衣等。内衣的款式、面料、颜色很多，可根据自身的喜好进行选择，但总的原则是穿上内衣后，颜色不外透、轮廓不外显、痕迹不外露，否则将有损职业女性文雅端庄的形象。

3）鞋子

套裙应搭配高跟或半高跟的皮鞋，切不可露趾，黑色最为正统。选择鞋子最好是真皮的，鞋跟不要太高、太尖，这样才能穿着舒适。款式应简单大方，无须过多的装饰与色彩，系带皮鞋、丁字皮鞋、皮靴都不可搭配套裙。

4）袜子

搭配套裙应选择长筒丝袜或连裤丝袜，丝袜的颜色根据套裙颜色选择肉色、浅灰色或黑色。穿长筒丝袜时一定要注意不可露出袜口，出现三截腿现象，以免影响美观。另外，丝袜容易划破，应在随身包里准备好备用丝袜，以便更换，切不可穿着破洞、跳丝的丝袜。

3. 女士职业着装禁忌

女士的职业着装除套裙外，在一般的工作场合及社交场合还可以有多种选择，如连衣裙、长裤衬衫等。女士的职业着装的总体原则是应体现出高雅、端庄、稳重的形象，应避免出现以下几种情况。

1）花色杂乱鲜艳

这主要是指服饰的颜色过于鲜艳、图案太过复杂、装饰物过分耀眼。例如，衣服上缀满珠子亮片、过多使用蕾丝面料、选用鲜艳的大花面料等，这些极易给人造成不成熟、不专业的印象。

2）款式紧身暴露

女士在选择职业着装的款式时应注意身体的某些部位是不宜暴露的。通常要求不暴露胸部、不暴露腹部、不暴露肩部、不暴露大腿，因此，不可选择无袖上衣、超短裙、露脐装、低领装等。另外，职业装不可过分紧身，不应选用透视、过薄的面料。

3）佩饰闪耀繁多

选用适当的佩饰将对服饰起到点睛的作用，但切不可过于繁杂、太过闪耀、过分奢华，否则将与职业女性的身份不匹配。

四、饰品使用礼仪

饰品即人们日常所说的首饰、佩饰。饰品恰到好处的搭配将会起到画龙点睛、协调整体的作用，而饰品的不恰当的搭配则会使整体形象大打折扣。饰品可分为两类，一类是以实用性为主的，如帽子、围巾、眼镜等；另一类是以装饰性为主的，如项链、戒指、胸针、耳环等。

1. 饰品佩戴原则

在职业场合，饰品的使用应遵守以下几个原则。

1）符合身份

饰品的选择应考虑自身的身份及所处的场合，职业人士一次佩戴饰品不应超过三件，而且场合越正式越应减少饰品的数量。职业男士除手表、戒指外，一般不宜佩戴其他饰品。另外，职业人士不宜佩戴一些时尚前卫的饰物，如鼻环、脚链、脚戒指等。

2）搭配协调

职业人士的饰品选择不可盲目追求时尚，应使之与服装搭配协调、自然。饰品的材质通常选择金银为主，一般不佩戴珠宝饰物。饰品的款式应朴素、大方、精致，不可过于夸张、新潮，应给人以气质高雅、落落大方的印象。

3）扬长避短

饰品起着陪衬、辅助、美化的作用，因此，选择饰品时应充分考虑自身的特点，突出自身的优点，弥补自身的缺点，进而协调整体的效果。例如，圆脸形的人不宜选用圆形和方形耳环。

2. 常见饰品佩戴礼仪

1）戒指

戒指是一种饰品，又是吉祥物和生活变迁的标记。戒指的种类繁多，有黄金、白金、银、玉等质地的，有方形、板戒、圆形等造型的。在选择戒指时，要结合自身的特点，尤其应与手指的形状相符。例如，手指较短小或骨节比较突出的女性应戴比较细小的戒指，款式最好是非对称式的，以分散他人对手指形状的注意力；手指修长纤细的女性可选择粗线条的款式，如方戒、钻戒，这样可使手指显得更加秀气；手掌较大的女性要注意戒指的分量不要过小。在社交场合，男士一般只应佩戴结婚戒指，如对戒、钻戒等，不应佩戴时尚的装饰性戒指；女士一般只戴一枚戒指，最多一手戴一枚。

佩戴戒指有约定俗成的礼仪讲究。这里具体介绍一下国际上较为通行的佩戴规范。右手佩戴戒指纯粹起到装饰性的作用，不代表特别的含义。戒指佩戴在左手各手指上有不同的含义：拇指通常不戴戒指；戴在食指上，表示尚未恋爱；戴在中指上，表示正在热恋中；戴在无名指上，表示已经订婚或结婚；戴在小指上，表示奉行独身主义。因此，在社会交往中应注意佩戴戒指所传递的信息，以免造成误会。

2）项链

项链种类繁多，除在舞会、宴会等场合与服装搭配时选用款式复杂的项链外，在一般的社交场合，通常选用款式简单的项链。珍珠项链、配简单吊坠的白金项链是职业女性的最佳选择。

佩戴项链时，可以利用项链的长短、粗细来调节视觉感受，起到锦上添花的作用。项链的长短应与脖子成反比，项链的粗细应与脖子成正比。另外，项链的选择应考虑脸形的因素。通常，圆脸和方脸的人可选用长一些的项链，以起到调和脸形的作用；尖脸形的人可选用细幅的项链，不宜过长。

3）耳饰

耳饰包括耳环、耳钉、耳链、耳坠等。在职业场合，不应佩戴造型、款式夸张的耳饰，应该选择比较低调的耳钉或耳坠。佩戴耳饰时，必须成对使用，并且一只耳朵上只能佩戴一个耳饰，不能在一个耳朵上出现多个耳饰。另外，选择耳饰时应兼顾脸形，不要选择和脸形相似的耳饰造型，使得脸形的短处被夸大。

4）手镯、手链

在职业场合，手镯、手链同样应选择简单、低调的款式。一只手腕不要同时佩戴多只手镯或手链，也不要既佩戴手表又佩戴手镯或手链。

5）手表

职业人士佩戴手表，一方面，可准确把握时间，给人以时间观念强、作风严谨的印象；另一方面，手表也起到装饰的作用。在职业场合佩戴的手表，在造型上要庄重、正统，一般选择圆形、正方形、长方形和椭圆形为佳，切忌卡通、花朵、五角星等新奇造型；在款式上要简单保守，不选用手链、手镯式手表，不可出现过多闪亮的装饰物；在材质上最好选用金属材质，切不可选择塑料、橡胶、硅胶等材质；在色彩上应选用单色或双色，色彩要清晰高雅，黑色和银色是最理想的选择。在社交场合，特别是与人交谈时，不可过多地看手表，否则会给人留下对交谈不耐烦、急于结束的印象。

6）眼镜

一副质地优良、造型美观的眼镜既可以矫正视力、保护眼睛不受外来物的侵害，又可以调节人们的脸形，掩饰面部的缺陷，并与服装相融合，构成独特效果，给人平添几分文雅的气质和风度。在职业场合，眼镜是一种很有用的饰品。

人们在选择眼镜时，主要应考虑自身的脸形特点。方脸形的人，尤其是男士，总是给人以粗犷刚毅之感，宜选择方形镜架的宽边、大镜片眼镜，以强化稳健成熟的气质美；圆脸形的人，宜选择与眉毛齐平的平框、方形、中等大小眼镜，以方形来调节圆形脸，体现刚柔并济的美感，千万不可选圆形眼镜，以免给人以大圆套小圆的感觉；长脸形的人，宜选择色调较深、不透明的宽边方形或圆形眼镜，造成眼镜上部脸庞的隔断效果，以调节脸形长度，增加视觉美感。此外，鼻梁细窄的人宜选择较为透明的镜架，鼻梁宽扁的人则应选择深色镜架，鼻梁偏低的人适于高鼻架的镜架。

在职业场合，眼镜的选择应符合职业身份，简单大方。镜框的颜色通常选用黑色、银色或金色，不可选用红色、粉色、蓝色等时尚色；镜片的形状以长方形、椭圆形为佳，切不可选用正圆形；镜片的颜色应是透明色，不宜选用有色的镜片，切忌佩戴墨镜。

五、民航服务人员制服着装礼仪

企业制服指的是从业人员工作时穿着的一种能表明其职业特征的专用服装，具有适用性、标识性、艺术性、防护性、科学性、欣赏性等特点。

1. 企业制服的作用

民航企业通常根据自身的企业文化，结合岗位工作特点设计特有的企业制服，并要求员工在工作期间必须统一穿着企业制服。统一着装可以起到以下几点作用。

1）树立企业形象

企业员工是树立企业形象最直接、最生动的途径。统一穿着企业制服，打造整体员工形象，从而有效地向外界传递企业的形象。

2）增强企业凝聚力

穿着企业制服会给员工带来归属感、自豪感、荣誉感，感受到企业对员工的关心，进而使员工更加认可企业，增强企业的凝聚力。

3）展示企业文化

企业制服是传递企业文化的有效途径，制服的色彩、面料、款式等设计因素都充分体现了企业特有的文化内涵。

4）增强员工责任感

工作期间穿着企业制服，可以使员工意识到自己正处于工作状态，自觉地增强责任感，规范自身行为，无形中感受到来自外界的监督。

2. 民航制服穿着要求

制服在服务形象中发挥了重要的作用，穿着得体的制服，不仅可以体现个人积极饱满的工作状态和礼仪修养，而且是对服务对象的基本尊重和礼貌。民航制服一般分为春秋装、夏装、冬装，可满足不同季节的需求。不同岗位制服的设计充分体现了岗位的工作内容、工作特点和工作环境，在方便员工工作的同时又不失美观，充分展示企业特有的精神风貌。

1）保持干净

穿着制服，必须努力使之保持干净的状态，必须无异味、无异物、无异色、无异迹。制服要及时更换和清洗，尤其要注意领口与袖口不能有污渍，与制服配套穿着的内衣、衬衫、鞋袜等也应定期进行换洗。

2）保持平整

穿着制服，应注意保持制服的挺括、平整。为了防止制服产生褶皱，可适当采取一些小措施。例如，洗净之后的制服要熨烫平整；脱下来的制服不要随手乱放，应当叠好或垂直悬挂；穿着制服时，不乱靠、倚、坐，以防出现皱痕。

3）保证无损

穿着制服前应检查制服是否有开线、磨毛、磨破、纽扣丢失等现象，如发现这些现象则应处理好之后再穿着，并且不可露出缝补的痕迹，严重的破损需要更换制服。

4）大小合适

制服的穿着讲究合体，过宽、过紧、过长、过短都会影响美观。选择制服尺寸时讲究"四长、四围"，"四长"，即袖至手腕、衣至虎口、裤至脚面、裙到膝盖；"四围"，即领围以插入一指大小为宜，上衣的胸围、腰围及裤裙的臀围以能穿一套羊毛衣裤的松紧为宜。

3. 民航制服穿着规范

民航服务人员穿着制服要做到整齐、清洁、挺括、大方、美观、得体，如图2-6和图2-7所示。

图2-6 民航制服的穿着规范（男）　　图2-7 民航制服的穿着规范（女）

具体应做到以下几点。

（1）穿衬衫时必须将衬衫下摆束入裙子或裤子里。

（2）长袖衬衣袖口不能卷起，袖口的纽扣要扣好。

（3）佩戴帽子时，帽子应戴在眼眉上方1~2指处。

(4）裤子应熨烫平整，不可挽起裤腿。

(5）提供餐饮服务时穿戴围裙，保持围裙整洁。

(6）穿着大衣时必须扣好纽扣、系好腰带。

(7）工作证佩戴在衬衫、制服的胸前侧，正面向外，必须使用企业配发的挂绳。

(8）衣、裤袋不可放过多物品。

(9）皮带、裤腰不可挂手机、钥匙等物品。

(10）保证袜子无破损。

(11）穿着黑色工作皮鞋，保持皮鞋光亮无损。

4. 饰物使用规范

民航服务人员在穿着制服时，应尽量减少饰品的使用，饰品款式应朴实端庄，做到有碍服务工作的饰物不戴、炫耀财力的饰物不戴。

1）丝巾

丝巾是民航制服的重要装饰物，民航企业根据自身制服搭配相应的丝巾。使用丝巾时要保持丝巾干净平整、颜色鲜艳，要根据企业规定的式样和标准佩戴。下面是几种常见的丝巾系法。

(1）平结，如图 2-8 所示。

图 2-8　平结

第一步：将丝巾的对角向中心点对折，如图 2-9 所示。

图 2-9　平结系法（1）

第二步：将丝巾再对折 2~3 次，形成 3~5 厘米的宽度，如图 2-10 所示。

图 2-10　平结系法（2）

第三步：将丝巾挂在颈上，一长一短拉好两端，将长的一端从短的一端下面向上穿过打个活结，如图 2-11 所示。

第四步：将丝巾长的一端绕过短的一端再系一个结。整理好结的形状，将结移到合适的位置，如图 2-12 所示。

图 2-11　平结系法（3） 　　　　图 2-12　平结系法（4）

（2）玫瑰花结，如图 2-13 所示。

图 2-13　玫瑰花结

第一步：将丝巾平铺，把其中的两个对角打结，如图 2-14 所示。
第二步：将另外两个角置于已打好的结下交叉，并且旋转，如图 2-15 所示。

图 2-14　玫瑰花结系法（1）　　　　图 2-15　玫瑰花结系法（2）

第三步：将两个角向外轻轻拉，把中间的结往下推，将结进行整理，形成一朵美丽的玫瑰花，将其绕于颈上打结，如图 2-16 所示。

图 2-16　玫瑰花结系法（3）

（3）百褶花，如图 2-17 所示。

将丝巾折成宽度为 3~5 厘米的风琴百折状，将其绕在颈上，用橡皮筋或丝巾扣固定，整理为百褶花的形状。

图 2-17　百褶花

2）手表

工作时应佩戴一块款式简单、正统的手表，以保证准确掌握时间。可选择金色或银色的金属材质表带或黑色、棕色的皮质表带，宽度不得超过2厘米。表盘不可过大。禁止佩戴怀表、电子表、卡通表、手镯式手表等新潮夸张的手表。

3）戒指

工作时允许佩戴一枚款式简单、戒环的宽度不超过5毫米、镶嵌物的直径不超过5毫米的戒指，并且只能佩戴在中指或无名指上。不允许佩戴花戒。

4）项链

工作时允许佩戴一条金或银、宽度不超过3毫米的项链，项链上的坠饰物不可太过夸张，坠饰要放在衬衣里面。

5）耳饰

女性员工允许佩戴一副款式简单、直径不超过3毫米的金或银耳钉，不可只在一只耳朵上佩戴，也不可在一只耳朵上佩戴多只耳钉，不得佩戴耳环、耳坠、耳链。男性员工禁止佩戴耳饰。

除以上提及的饰物外，民航服务人员在工作期间不得佩戴其他饰物，如手链、手镯、脚链、胸针等。

知识拓展

服饰色彩的象征

服饰给人的第一印象是色彩，平常我们在描述一个人时常以服饰的颜色进行描述，如"就是那个穿红白相间衣服的人"。正如法国著名设计大师皮尔·卡丹所说："我创作时，最重视颜色，因为颜色很远就可以看到。"

色彩的象征意义是指不同的色彩能够引起人们不同的情感并有着不同的象征意义。

（1）红色。红色对人的感官刺激十分强烈，最能引起人们的兴奋和快乐情感，并会使人联想到鲜血、生命、正义、力量、光荣、胜利、太阳和火焰，因而是温暖、激情、炽热、活泼、喜气、奔放的象征。

（2）黄色。黄色对人的感官刺激也十分强烈，它能使兴奋的人更兴奋，忧郁的人更忧郁。黄色是庄重、华贵、希望、收获、轻快而富有朝气的象征。

（3）蓝色。蓝色是一种比较柔和宁静的色彩，它能使人联想到天空和海洋，是宁静、智慧、坚强、自信的象征，但有时也给人以冷峻的压抑感。例如，在电影里，往往采用蓝色的冷光来造成一种阴森恐怖的感觉。

（4）绿色。绿色是清爽宁静的色彩，它赏心悦目，使人联想到田野、草原、青山绿水，是生命、喜悦、新鲜、和平的象征。

（5）橙色。橙色是明快富丽的色彩，能引起人们的兴奋和欲求，使人联想到阳光。它是快乐、热情、活泼、温暖的象征。

（6）紫色。紫色是华贵、充盈、浪漫的色彩，给人高雅脱俗、富丽堂皇的感觉。它是富裕、高贵、优越、稳重、神秘的象征。

(7) 黑色。黑色是庄重肃穆的色彩，使人产生凝重、阴森、恐怖和威严的感觉。它是深刻、沉着、庄重、高压、静寂、理性、哀伤、暗淡和神秘的象征。

(8) 白色。白色是纯净朴实的色彩，给人以明快、无华的感觉，是纯洁、高尚、素雅、祥和、神圣、坦荡、明亮的象征。然而，由于医院里的救护用品及丧事用品都是白色的，因此它又给人一种不祥、凄惨和恐怖的感觉。

(9) 灰色。灰色是柔弱、平和的色彩，最能给人以平易、脱俗、大方的感觉。它是文雅、淳朴、大方和可靠的象征。

总地来说，红、橙、黄等暖色调给人以温和、华贵的感觉，适合用于作为户外旅游和娱乐生活的服装用色；青、绿、蓝、紫等冷色调使人感到凉爽、恬静、安宁、友好，适合用于作为日常生活的服装用色；白、黑、灰等中性色调给人平和、稳重、可靠的感觉，适合用于作为日常工作的服装用色。

第二节　仪容礼仪

仪容通常是指人的外观、外貌，其中的重点则是指人的容貌，包括面容、发式、颈部和手部。仪容在人的整体形象中占据着尤为显著的地位。虽然一个人先天的容貌无法改变，但"三分长相，七分打扮"，因此可以通过一定的修饰技巧来美化自己。

作为民航服务人员，修饰得当的仪容是个人职业形象的重要组成部分，它反映了民航服务人员的精神面貌、朝气与活力，是传递给服务对象最直接、最生动的第一信息，具有自信与敬人的双重功效。

案例 2-1

1960 年 9 月，肯尼迪和尼克松将在全美的电视观众面前举行竞选总统的第一次辩论。当时，两人的名望和才能大体相当，可谓棋逢对手。但大多数评论员预测，肯尼迪将会被素以经验丰富著称的电视演员尼克松所击败。然而，事实并非如此。因为肯尼迪是有备而来的，他事先请形象设计公司帮他进行了练习和彩排，还专门跑到海滩晒太阳，养精蓄锐。结果，他在荧屏上亮相时，精神焕发，满面红光，挥洒自如。而尼克松由于没有听从电视导演的规劝，加之那一阵十分劳累，更失策的是面部化妆用了深色的粉底，因而在屏幕上显得精神疲惫，表情痛苦，声嘶力竭。正如一位历史学家所形容："他让全世界看起来，好像一个不爱刮胡子和出汗过多的人带着忧郁感等待着电视广告告诉他怎么不要失礼。"

仪容仪表上的优势帮助肯尼迪取得了竞选的胜利。

一、仪容修饰的原则

1. 美化原则

仪容修饰的目的在于让自己变得更加美丽。美化原则，即要求人们在了解自己容貌的基本特征和规律后，通过化妆、美容、护肤等专业的、艺术的修饰技巧对容貌进行适度的修饰，使修饰后的形象能够扬长避短，达到美化的效果。

2. 自然原则

自然是仪容修饰的最高境界。有位化妆师说过："最高明的化妆术，是经过非常考究的化妆后，让人看起来好像没有化过妆一样，并且化出来的妆与主人的身份匹配，能自然地表现出人的个性与气质。"

自然原则，即要求仪容修饰不仅要美丽、生动、具有生命力，还要真实、和谐、自然、天衣无缝、不矫揉造作。在化妆时，应以淡雅、简洁的妆容给人留下端庄、文雅、大方、自然的印象。

3. 协调原则

协调原则强调仪容的设计与修饰要给人以整体的美感，应注意四个方面的协调效果：一是面部协调，即仪容修饰应考虑脸形、肤色的特点，进行整体协调设计，面部妆容色彩搭配协调、浓淡协调；二是身体协调，即面部化妆必须注意与发型、发色、服装、饰物协调，力求取得完美的整体效果；三是身份协调，即仪容的修饰需考虑自身的身份及职业特点，作为职业人士，仪容修饰应端庄、大方，不可过于夸张、新潮；四是场合协调，即仪容修饰应与所要参加的场合气氛相一致。日常工作、职业场合的妆容应该淡一些；宴会、舞会等场合的妆容可以浓一些。

4. 礼貌原则

礼貌原则，即要求仪容修饰应礼敬于人、尊重他人，这也是仪容修饰的基本目的。坚持这一原则应注意以下礼节。

（1）不在他人面前修饰容貌。不可在公共场合、办公场合进行仪容的修饰，这是对自己和他人的尊重。此外，还有一些不雅的动作容易被忽视，如挖耳朵、抠鼻孔、搓污垢、擤鼻涕等，这是极为失礼的表现，都应注意不该当众进行，否则将使个人形象大打折扣。

（2）不借用他人的化妆品。化妆品属于私人物品，需要贴身使用，借用他人化妆品既不卫生，也不礼貌。

（3）不非议他人的容貌修饰。由于民族、文化及个人审美的差异，每个人对美的理解不同，因此，不可随意对他人的容貌修饰品头论足，这不仅是不礼貌的行为，而且很可能给对方造成伤害，进而妨碍双方的交际与往来。

5. 健康原则

健康原则要求人们在完善自身容貌修饰的同时要做到内外兼修，给人以由内而外的健康之美。仪容修饰可以起到暂时的美化作用，只有健康积极的生活方式才能塑造真正的健康之美。一些仪容上的问题，如黑眼圈、肤色暗沉等是可以通过健康的生活习惯进行彻底改善的。因此，需要做到以下几点：一是保持积极乐观的心态，善待自己及身边的一切；二是保证充足的睡眠，坚持参加体育锻炼；三是养成合理、健康的饮食习惯。

> **知识拓展**

世界卫生组织制定的十项健康标准

（1）精力充沛，能从容不迫地担负日常生活和繁重的工作，而且不感到过分紧张、疲劳。

（2）处世乐观，态度积极，乐于承担责任，事无巨细，不挑剔。

（3）善于休息，睡眠良好。

（4）应变能力强，能适应外界环境的各种变化。

（5）能抵抗一般性的疾病，如感冒等。

（6）保持标准体重，身材匀称；站立时，头、肩、臂位置协调。

（7）眼睛明亮，反应敏捷，眼睑不易发炎。

（8）牙齿完整、清洁，无龋齿，不疼痛，牙龈颜色正常，无出血现象。

（9）头发有光泽，无头皮屑。

（10）肌肉丰满，皮肤有弹性。

二、发型的修饰

"完美形象，从头开始"。头发位于人体的制高点，往往最先吸引人们的注意力，是仪容修饰的重要组成部分，不可忽视。

1. 发型修饰的基本要求

1）保持干净

时刻保持头发的干净清洁是发型修饰最基本的要求。保持干净需要注意做到如下几点。

（1）勤洗头发。从医学和美学的角度讲，健康毛发的前提是清洁，洗发可以去除头发上的灰尘和头皮的分泌物，确保头发不油腻、不打结、无异味，有助头发的生长和健康，尤其是油性头发，更应勤洗。洗发时应讲究方法，选择适宜的洗护用品，不宜用过烫或过冷的水。

（2）处理头皮屑。油性肤质容易有头皮屑，特别是在秋季，应选择有效的洗护产品，必要时可使用药物、去屑产品或求助皮肤科医生。如有头皮屑，则不应将头发散开,而且在梳头时要处理掉在头发表面、能看见的头皮屑。在公共场合,切不可抓头,以免头屑外露、散落。此外,还应及时处理散落在衣服上的头皮屑。

(3) 保持清爽。头发要给人以清爽的感觉。不选用味道过于浓烈的护发品,保持头发气味清新。如需使用摩丝、发胶等定型产品,应注意不要过量。

(4) 合理饮食、作息。不良的饮食和作息习惯都不利于头发的生长和养护。通常,含有叶酸、泛酸、维生素 A、维生素 B、维生素 E 等成分的物质能促进头发的生长。平时应多吃一些富含蛋白质、铁、钙、锌、镁的食物,如鱼类、贝类、橄榄油、坚果类,以改善头发组织、增加头发弹性的功能。另外,保持精神愉快、合理作息、加强锻炼都有助头发的健康。

2) 保持整齐

梳理头发是每天必做之事,保持发型的整齐利落是职业人士发型修饰的基本要求。男士的头发应定期修剪,通常情况下每个月应该修剪一次。头发若太过飘逸,则应使用定型产品进行固定。

梳理头发要注意以下三点:第一,要经常检查头发是否整齐,必要时要进行重新梳理;第二,梳理头发不宜当众进行;第三,梳理完头发一定要检查衣服上是否有头皮屑和断发残留,如有则要清理干净。

2. 男性民航服务人员发型修饰规范

对于男性民航服务人员,发型应如图 2-18 所示,给人以精干的感觉。男性民航服务人员应做到:不留长发,不剃光头;保证头发长短适宜,做到前发不覆额,侧发不掩耳,后发不及领;不烫头发;不染异色;不剃平头、板寸、阴阳头。

图 2-18　男性民航服务人员的发型

3. 女性民航服务人员发型修饰规范

对于女性民航服务人员,发型的修饰应给人以端庄、干练的感觉。

如是长发,则必须将长发整齐盘于脑后,如图 2-19 所示;刘海不可超过眉毛;使用黑色的发卡、发网;发饰只可使用公司统一配发的式样;不染异色。

如是短发,造型不宜奇特;长短适宜,做到前发不遮眉,侧发不掩耳,后发不及领;可烫发,但不宜过于蓬松;不染异色;不使用发饰。

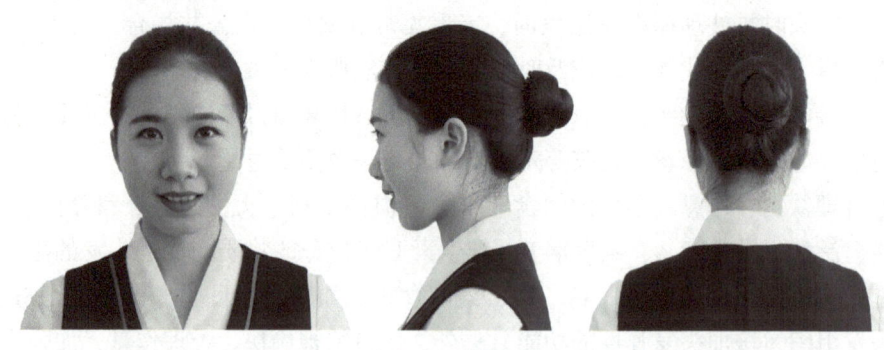

图 2-19　女性民航服务人员的盘发

三、女性民航服务人员仪容修饰规范

化妆，是一种通过对美容、化妆用品的使用，来修饰自身仪容、美化自我形象的行为。女性民航服务人员在工作岗位上必须化工作妆，妆容应淡雅、端庄、自然。

适当得体的妆容是岗位的要求，它不仅可以对服务对象表示礼貌和尊重，还可以帮助员工建立自信、缓解压力。

知识拓展

"三庭五眼"的面部比例

"三庭五眼"指的是人面部的完美比例要求，如图2-20所示。其中"三庭"衡量的是人面部的长度，"五眼"衡量的是人面部的宽度。

"三庭"包括了上庭、中庭、下庭，分别指的是从额头的发际线到眉线、从眉线到鼻底线、从鼻底线到颌底线。理想的比例是"三庭"的长度相等，分别占面部长度的三分之一。

"五眼"是指从正面看，脸部两侧发际线之间的横向距离正好相当于自己五只眼的宽度。把脸的宽度分为五个部分，左眼、右眼、两眼之间、两侧发际线至相应眼睛的外侧，若这五个部分的宽度相等，则是理想的面部宽度比例。

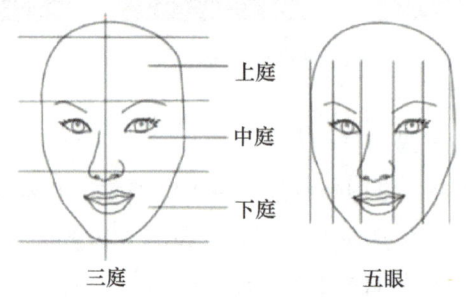

图 2-20　"三庭五眼"理想面部比例

"三庭五眼"是面部比例的理想状态，虽然多数人都达不到这一要求，但我们可以根据这一比例要求分析自身脸形的特点，了解自己容貌上的优点与不足，通过恰当到位的面部修饰技巧进行美化。

下面将具体介绍工作妆的步骤及要求。

1. 妆前准备

（1）洁面护肤。根据肤质选用合适的洗面产品清洁面部和颈项皮肤，水温不宜过高，用手指进行清洁。洁面后，使用护肤类产品，如爽肤水、乳液、精华、隔离霜等，既可润泽皮肤，又可防止化妆品直接接触皮肤，起到隔离的作用。

（2）发型修饰。发型的修饰通常应在化妆前进行，以免散着的头发或美发用品弄乱妆容。若有刘海，则在化妆时应将刘海用卡子或发带固定，以免化妆时弄脏刘海，同时也便于看清脸部轮廓，从而更有针对性地进行化妆。

（3）修眉。化妆前先用刮眉刀、眉剪修整眉形，这样修落的眉毛不会弄乱妆容。

2. 化妆过程

（1）涂粉底。底妆是妆面的基础，选择的颜色要与自身的肤色相接近，可搽一点在指甲上或涂在下颚线处。另外，淡色粉底用来涂在极端凹陷的地方，暗色粉底用来涂在凸出的地方；客舱服务员长时间处于干燥的机舱环境，可选择具有保湿效果的粉底，需要在户外工作的地面服务人员可选择具有防晒功能的粉底。

涂粉底时，应使用海绵或指腹蘸取少量粉底，均匀地涂抹整个脸部，不要忽视细节部位，如发际线、鼻侧、下巴等，尤其应注意面部与脖子的衔接处，做到自然过渡。涂抹后，有瑕疵的地方可以使用遮瑕膏进行完善。

涂完粉底后，可用少许定妆粉来固定妆面，使得带妆时间更加长久。

（2）描眉形。眉毛的形状对面部表情的呈现有很大的影响，民航服务人员要给旅客留下亲切、友善的印象，因此，在眉形的塑造上线条要柔和，不要过于生硬。

描眉时首先应修正好眉头、眉峰、眉梢三个部分，然后使用眉笔沿着眉毛的生长方向一根根地描出眉毛，注意把握力度，控制好浓淡。描画完后使用眉刷将线条晕开，使眉毛更加均匀、自然。

要根据自己的脸形描画合适的眉形。直线形的眉毛可使人的脸形显得短些；弯形的眉毛可使人的脸形显得稍长；圆脸或方脸的人，眉毛不宜修得过细；五官纤细的人，眉毛不宜修得太过浓密。

（3）涂眼影。眼影的使用会进一步突出妆容的立体感。眼影颜色的选择应考虑自身的肤色及服饰色彩，各民航公司也会根据制服特点规定员工应使用的眼影颜色，通常红色制服宜选用紫色系眼影，蓝色制服宜选用蓝色系眼影。涂眼影时，贴近睫毛处要重一些，然后用眼影刷轻轻地由中间向眼角、眼梢扫开，呈扇形，由睫毛处至眉骨呈现由深到浅的效果。

（4）画眼线。民航服务人员的眼线通常选择黑色。画眼线时，使用眼线笔贴着睫毛根部由外眼角向内眼角方向进行，内眼角方向应淡而细，外眼角方向应相应加重，描画下眼线时应比上眼线要细，可只描画下眼线的尾部。民航服务人员的妆容要端庄，因此眉尾无须上挑。

（5）刷睫毛。首先，使用睫毛夹将睫毛由内向外卷起，注意不要过于用力，以免形成明显折痕，睫毛夹应顺着睫毛匀力移动，形成自然卷曲形状。然后，使用睫毛刷由上眼睑睫毛根部向睫毛梢部均匀刷上睫毛膏，根据需要可刷涂2~3遍。最后，使用睫毛梳将黏在一起的睫毛梳开，以显得自然浓密。注意，民航服务人员只可选用黑色睫毛膏；使用假睫毛时，长度不得超过1厘米。

（6）打腮红。腮红的使用可改善面色，使妆容更加健康亮丽。打腮红时应注意以下三点。第一，应以颧骨部位为中心向四周扫匀，越来越淡，直到与底色自然衔接。第二，腮红可以用来矫正脸形。圆脸形的人的腮红应是长条形的，刷子竖扫，以减弱胖的感觉；长脸形的人应涂得宽些，刷子横扫，以增加胖的感觉。第三，腮红颜色的选择应考虑自身的肤色，并尽量与唇色保持同一色系。浅色皮肤的人，可选用淡一些的颜色，如浅桃红；深色皮肤的人，腮红可以深一些、暗一些。

（7）涂口红。先用唇线笔或唇刷勾出理想的唇廓线，方法是从嘴角两边向中央描画，理想的唇形为唇线清楚，下唇略厚于上唇，大小与脸形相宜，嘴角微翘，富于立体感。然后用唇刷或直接用唇膏从上唇到下唇、从嘴角向唇中方向涂抹口红，用色比轮廓色稍淡些。涂完后，用纸巾轻按唇部，再涂上一层，这样唇妆会更加持久饱满。民航服务人员应使用公司统一规定的唇膏色彩，如没有统一规定，则在口红色彩选择方面不要过于鲜艳，不使用油腻或带有珠光的色彩。

3. 修正补妆

化完妆后，要在镜子前仔细检查妆容的整体效果，特别要注意几个细节。

（1）妆容是否完整。检查面部各部分妆容是否有遗漏、碰坏之处，务必保持妆容的整体性。

（2）妆容是否对称。检查眼、眉、唇、鼻的妆容是否左右对称，其形状、色彩、浓淡、粗细务必保持一致。

（3）妆容过渡是否自然。检查妆容的过渡是否自然协调，要特别注意面部与颈部，腮红与底色、眼影层次的过渡。

四、男性民航服务人员仪容修饰规范

男性民航服务人员虽不要求化妆上岗，但同样需要进行必要的仪容修饰，以使自己看起来整齐、清爽、干净。男士的仪容修饰主要包括发型修饰、清洁面部与手部、使用护肤品进行保护、使用香水等。

保持清洁干净的仪容是男性民航服务人员仪容修饰的重点。男性民航服务人员应注意清洁面部，保持皮肤清爽；不留胡须，养成天天剃须的习惯；勤剪鼻毛，做到鼻毛不外露。

男性民航服务人员如需化妆，则要淡而又淡，力求自然美观，不留化妆痕迹。男性民航服务人员化妆主要进行肤色的改善、眉毛的修饰、唇部的滋润。具体来看，可用一层极薄的粉底霜均匀地涂抹脸部，要注意面部与颈部、正面与侧面的过渡自然；使用无色唇膏保护唇部，增加透明感；画眉重在整理，补上断缺处，并突出眉毛的剑形效果。男性民航服务人员化妆要追求"妆成有却无"的效果，突出阳刚之气，切不可太过修饰。

五、手部修饰

民航服务人员经常需要用双手为旅客提供服务，因此需要注意手部的修饰。

手部修饰的基本要求是保持清洁、卫生。应时刻检查手部是否干净，出现污渍要及时清洗。男性民航服务人员若吸烟，则要避免手指上留有熏黄的痕迹，吸完烟后要洗手，以免留下烟味。

秋冬季做好手部的保养，清洁后使用护手霜，保护双手皮肤，以免出现干裂。选用护手霜时应选择无香的。

经常修剪指甲，不留长指甲，指甲的长度不超过手指尖2毫米。保持指甲边缘光滑无毛刺，以免服务中划伤旅客和自己。只可选用无色的指甲油，不可进行美甲。

六、香水的使用

恰当地使用香水可以给自己和服务对象愉悦的嗅觉体验。民航服务人员选用香水时应选择清新、淡雅的香型，香味不可过于浓烈。

使用香水的基本方法主要有两种：喷洒和涂抹。注意香水的使用位置，切不可在面部使用。涂抹法：一般将香水涂抹在耳后、腋下、脖颈、手腕等有脉搏跳动之处，这样可以用脉搏的微热帮助香水持续散发。有时，为了让香水的余香更持久，可以涂抹在腰部、髋关节等身体表皮处，而将香水涂抹在脚踝处则可以让香味飘散出来时更加自然。喷洒法：应将香水喷在衣领、衣角、手帕、衣服的腋下、衣服内衬部位、裙摆里侧、裤管底口内侧等暗处。这样，一是可以让香味的飘散更自然，二是可以防止香水过快挥发，同时避免紫外线作用而留下色素沉淀。

正确使用香水，应避免出现以下几种情况。

（1）男女不分。香水的使用有性别之分，男女所适用的香型不同，古龙香型、烟草香型、皮革香型、麝香型和木香型的香水是男性使用的，女性则主要使用花香型、果香型的香水。

（2）临场涂抹。香水具有前味、中味和后味三个不同时段，在使用香水时一般应注意提前 30~40 分钟涂抹，将香水的中味段传递给他人，避免前味段的刺激性香味引起他人的不适。

（3）用量过多。一般情况下，在 1 米范围内能够闻到淡淡的幽香味较为合适，若在 3 米左右的距离内仍可闻到香味就是使用过量了。

（4）混合使用。不同品牌、不同系列、不同香型的香水不能混合使用，否则会使香水失去原味，甚至出现难闻的气味。

（5）不洁使用。不应使用香水来掩盖汗臭味、酒味等不良气味，否则这些不良气味和香味混杂在一起，可能会形成怪味，起到反作用。

第三节　仪态礼仪

仪态是指一个人的身体姿态，它是一种无声的语言，是一个人气质风度、礼仪修养的外在表现。民航服务人员的仪态主要是指在工作中的站姿、坐姿、行姿、蹲姿、手势及面部表情等举止活动。大方得体的仪态是民航服务人员职业素养的直接体现，有助其赢得旅客的信任和满意。

一、站姿

站姿，是指人们站立时的姿势与体态。站姿是人际交往中一种最基本的举止，是一切动态美的起点和基础。站立是民航服务工作中最常见的姿态，是民航服务人员的基本功之一。

1. 标准站姿

标准站姿的要求是"站如松"，应该做到端正、挺拔，具有稳定感。整体看要有脚跟提起、头向上顶、身体被拉长的感觉；竖看要有直立感，即以鼻子为中线的人体应大体成直线；横看要有开阔感，即肢体及身段应给人以舒展的感觉；侧看要有垂直感，即从耳至脚踝骨应大体成直线。站立的基本要领如下。

（1）头正、颈直，两眼平视前方，表情自然舒畅，微收下颌，闭嘴。
（2）挺胸，双肩平，微向后张，上体自然挺拔，上身肌肉微微放松。
（3）收腹，立腰，臀部肌肉收紧。
（4）两臂自然下垂于体侧，手指自然弯曲。
（5）两腿挺直，膝盖、脚跟相碰，两脚尖稍微分开成"V"形，张开约 60°。
（6）身体重心通过两脚中间，放在脚的前端的位置上。

标准站姿的关键是三个部位，只有这三个部位的肌肉相互牵制，才能保持标准的站姿。

(1) 髋部向上提，脚趾抓地。
(2) 腹肌、臀肌保持一定的肌紧张，前后形成夹力。
(3) 头顶上悬，肩向下沉。

2. 女性民航服务人员常用的站姿

1)"V 字步、前腹式"站姿

"V 字步、前腹式"站姿如图 2-21 所示。站立时上体保持标准姿势，双脚成"V"字形。脚跟合拢，脚尖分开约 45°~60°，双膝靠紧，两腿直立，身体重心在两脚之间。双手相握置于小腹前，即右手握左手四指，左手拇指自然捏住右手拇指，手背向前，手指斜向下。

2)"丁字步、前腹式"站姿

"丁字步、前腹式"站姿如图 2-22 所示。站立时上体保持标准姿势，双脚成"丁"字形。双脚分开与肩同宽，右脚向后撤半步，将左脚收回，左脚跟靠在右脚跟前面，脚尖分开约 60°~90°，双膝靠紧，身体重心交给右脚。双手相握置于小腹前，即右手握左手四指，左手拇指自然捏住右手拇指，手背向前，手指斜向下。

图 2-21　女性"V 字步、前腹式"站姿　　图 2-22　女性"丁字步、前腹式"站姿

3. 男性民航服务人员常用的站姿

1）前腹式站姿

前腹式站姿如图 2-23 所示。站立时上体保持标准姿势，脚尖分开成小"八"字形。左手手握空拳，右手握住左手手腕，置于小腹前。

2）垂臂式站姿

垂臂式站姿如图 2-24 所示。站立时上体保持标准姿势，脚尖分开成小"八"字形。

双臂自然垂直于身体两侧，手指自然弯曲并拢，虎口向前。

需要注意的是，在工作中，不提倡男性民航服务人员使用将手置于身后的站姿。

图 2-23　男性前腹式站姿　　　　图 2-24　男性垂臂式站姿

4. 工作中容易出现的不良站姿

工作中容易出现的不良站姿有以下几种。

（1）站立时两腿交叉或两脚间距过大，会给人极不严肃的感觉。

（2）站立时双臂交叉抱于胸前、双手或单手叉腰，会造成消极、进犯、抗议之嫌。

（3）站立时双手插入衣袋、裤袋中，或者无意识地做些小动作，如摆弄衣角、手指乱动等，会给人以缺乏自信、缺乏经验的感觉。

（4）站立时身体晃动、东倒西歪、耸肩驼背、随意倚靠，会给人精神不振、漫不经心的感觉。

工作中，如需要长时间保持站立姿态，可适宜地变换站姿，调整重心，以免肌肉僵硬、过于疲劳，但切不可出现以上情况。

5. 与旅客交流时的站姿

1）与坐着的旅客交流时的站姿

如图 2-25 所示，当旅客坐着时，民航服务人员应站在距离旅客 50 厘米的位置，大约 45°角面对旅客。在标准站姿的基础上，双手在身体前方交叉相握，自然下垂。身体略微向前倾，以表示对旅客的尊重。

2）与站着的旅客交流时的站姿

当旅客与民航服务人员都站立时，民航服务人员应站在距离旅客 1 米左右的位置，面向旅客，双手自然下垂于体侧，或者双手在身体前方交叉相握，自然下垂。

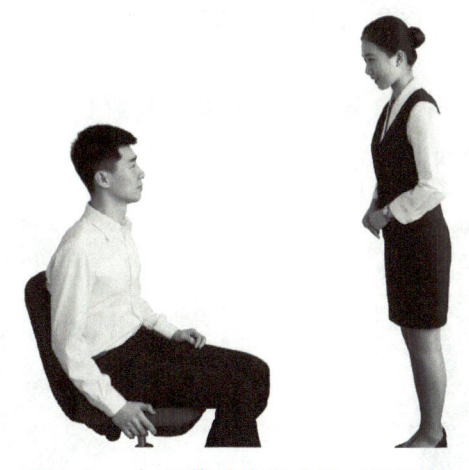

图 2-25 与坐着的旅客交流时的站姿

二、坐姿

坐姿和站姿同属于一种静态造型。坐姿是指人们入座、落座及离座的一系列动作和姿态。正确的坐姿给人以端庄、稳重、舒适之美。

1. 标准坐姿

标准坐姿的基本要求是"坐如钟",即坐相要像钟那样端正。

1) 入座

入座的动作要做到轻、稳、缓,动作自然从容。如需要搬出椅子,则应走到椅子后面,用右腿抵住椅背,轻轻用双手搬出椅子,切忌将椅子拖出,发出大的声响。

入座时,从椅子左边走到椅子前,背向椅子,右脚稍向后撤,用小腿确定椅子的位置后,上身正直,目视前方轻稳坐下。女士入座时如穿着裙子,应将裙子后摆向前捋顺,以显得端庄娴雅,不可落座后整理衣裙。

2) 落座

坐下时,坐满椅面的二分之一或三分之二,保持上体正直稍向前倾,头正肩平,身体重心垂直向下。双腿自然弯曲,小腿垂直于地面,双脚平落地面,双膝自然并拢,男士两膝间可分开不超过肩宽的距离。女士右手搭在左手背上放在两腿之间靠近小腹处;男士双手掌心向下,自然放于双腿上。

3) 离座

离座时应自然稳当,右脚先向后收半步,轻缓站起,保持上身正直,向前走一步,再转身从椅子左侧离开。

2. 女性民航服务人员常用的坐姿

1) 正坐式坐姿

正坐式坐姿即标准坐姿,如图 2-26 所示,要求双腿并拢,小腿垂直于地面,双膝、双脚完全并拢。右手搭在左手背上，放在两腿之间靠近小腹处。

2）曲直式坐姿

曲直式坐姿如图 2-27 所示，在正坐式坐姿的基础上，一腿向前伸，另一腿屈后，两脚前后要保持在一条直线上。

图 2-26　女性正坐式坐姿 　　　　图 2-27　女性曲直式坐姿

3）斜放式坐姿

斜放式坐姿如图 2-28 所示，在正坐式坐姿的基础上，两小腿向侧边斜出约 45°，大腿保持垂直。当女士坐在沙发或较低的椅子上时可采用斜放式坐姿。

4）重叠式坐姿

重叠式坐姿也称"二郎腿"，如图 2-29 所示，双腿完全地一上一下交叠在一起，交叠后的双腿间没有间隙，双腿斜放于侧边，与地面成 45°，叠放在上面的脚尖应垂向地面。

女性民航服务人员在工作中应以正坐式坐姿为主。如需要长时间坐着，可适当变换坐姿，以缓解疲劳，但不可过于频繁。

3. 男性民航服务人员常用的坐姿

男性民航服务人员在服务工作中应以正坐式坐姿为主。正坐式坐姿即标准坐姿，如图 2-30 所示，要求小腿垂直于地面，双腿适度分开，两膝外侧不可超过肩宽，双手掌心向下，自然放于双腿上。

除此之外，男士在社交活动中还可采用重叠式坐姿，即在正坐式坐姿的基础上，左小腿垂直于地面，右腿叠放在左腿上。男士在使用此种坐姿时要注意将右小腿向里收，脚尖不上跷，不能随意晃动。注意，在服务工作中不提倡使用重叠式坐姿。

图 2-28　女性斜放式坐姿　　　图 2-29　女性重叠式坐姿　　　图 2-30　男性正坐式坐姿

4. 工作中容易出现的不良坐姿

工作中容易出现的不良坐姿有以下几种。

（1）猛起猛坐，制造大的声响，会给人粗鲁、草率的印象。

（2）上体不直，左右晃动，前俯后仰，躺靠椅背，双手乱动，会给人懒散、傲慢的感觉。

（3）坐时，摇腿、抖脚、跷脚；双脚成外"八"或内"八"字形；大腿并拢，小腿分开成"人"字形；把脚藏在座椅下或钩住椅腿；双膝分开或跷二郎腿，这些都会显得不雅观、欠大方。

三、行姿

行姿是在站姿的基础上展示人的动态美的延续动作。民航服务人员的行姿应给人以从容、平稳、优雅的感觉。

1. 标准行姿

标准行姿的基本要求是"行如风"，即要求在行走时，如风行水上，有一种轻快、自然之美，如图 2-31 所示。标准行姿的基本要领如下。

（1）标准行姿是以端正的站姿为基础的。挺胸抬头，身正颈直，收腹立腰，双膝伸直，双目前视，下颌微收，表情自然平和，使全身看上去形如一条直线。

（2）起步时，身体应稍向前倾，使重心落在反复交替移动的前面那只脚的脚掌之上。当前脚落地、后脚离地时，膝盖一定要伸直，落下脚时再稍微松弛，并即刻使重心前移，形成良好的步态。

（3）行走时，双肩平稳以防止左右摇晃；双臂则应自然放松，以肩关节为轴，大臂带动小臂，手掌向着体内侧，与双腿的距离不超过一拳，前后自然摆动，摆幅以 30°左右为佳。

（4）步位准确。两脚交替前进时，男性民航服务人员走出的轨迹应在不超过肩宽的两条平行线上，以显得成熟、自信；女性民航服务人员应走"一"字步，即行走时两脚内侧应落在一条直线上，两膝内侧相碰，以显示女性的舒缓、秀丽。

（5）步幅适度。步幅是指跨步时两脚间的距离。行走时理想的步幅应为一只脚至一只半脚的长度，男性民航服务人员每步约 40 厘米，女性民航服务人员每步约 30 厘米。

（6）步速均匀。在工作场合的步速应当保持均匀、平稳，如遇有急事，可加快步速，但不可奔跑。

图 2-31　标准行姿

2. 民航服务人员常用的行姿

1）前进步

向前行走时，应始终保持标准行姿。行进中如需和旅客问候，则上体和头部应随之转动，微笑点头致意；在较窄的地方遇到旅客时需要主动礼让，侧身让旅客先行通过，如有急事需要超过旅客，则应向旅客致歉后方可超越；多名工作人员同时行走时，应保持纵队行进，以免阻挡旅客。

2）巡视步

客舱乘务员在巡视客舱时，女性民航服务人员可双手自然交握于腰部，手腕略微上抬，双臂微收，微笑前行。

3）后退步

与旅客告别时，不能转头就走，而应先向后退三步，再转身离去。退步时脚轻擦地面，不要高抬小腿，后退步幅要小。转身时要身先转，头稍后一些转。

4）引导步

引导步指在前面给旅客带路的步态。引宾时，要尽量走在旅客的左侧前方，整个身体半转向旅客方向，左肩稍前，右肩稍后，保持两三步的距离。遇到上下楼梯、拐弯、进门时，要伸出左手示意，提示旅客。

5）前行转身步

前行中要拐弯时，要在距所转方向远侧的一脚落地后，立即以该脚掌为轴，转过全身，然后迈出另一脚。向左拐时，要右脚在前时转身；向右拐时，要左脚在前时转身。

3. 工作中容易出现的不良行姿

工作中容易出现的不良行姿有以下几种。

(1) 行走时呈现内"八"字步或外"八"字步，这样的步态极不雅观。
(2) 行走时双臂大甩手、摇头晃肩、扭腰摆臀、左顾右盼、上下颠簸，会给人懒散、轻薄的印象。
(3) 行走时双手插入裤袋或倒背双手，会给人傲慢、不屑、呆板的印象。
(4) 行走时脚蹭地面、弯腰驼背，会给人以疲倦、精神不振的感觉。

四、蹲姿

当弯腰幅度超过45°时，不可直接提臀弯腰，应采用蹲的姿态。蹲姿通常是在取放低处物件、捡拾落地物品时不得已而为之的动作，用得不多，往往容易被忽视。在民航服务中，与儿童旅客及坐着的旅客交流时，也需要用到蹲姿。蹲姿一定要优雅，否则极易破坏个人形象，同时也令周围的人感到尴尬。

1. 民航服务人员常用的蹲姿

优雅蹲姿的基本要领是屈膝并腿，臀部向下，上身挺直。蹲姿主要有两种。

1）高低式蹲姿

高低式蹲姿即双膝呈现一高一低的姿态。下蹲时，左（右）脚在前、右（左）脚在后向下蹲去，左（右）小腿垂直于地面，全脚掌着地，大腿靠紧；右（左）脚跟提起，前脚掌着地；右（左）膝内侧靠于左（右）小腿内侧，形成左（右）膝高于右（左）膝的姿态，臀部向下，上身稍向前倾。

民航服务中主要采用高低式蹲姿。男士两腿间可有适当距离，但不得超过肩宽，如图 2-32 所示；女士不可双腿敞开而蹲，切记将双腿靠紧，下蹲时顺势捋顺裙摆，手可巧妙地置于双膝之间，以免走光，如图 2-33 所示。当需要蹲下与要客、儿童等旅客进行交流时，应大约在45°面对旅客的位置蹲下，如图 2-34 所示。

图 2-32 男性高低式蹲姿 　　图 2-33 女性高低式蹲姿 　　图 2-34 高低式蹲姿与坐着的旅客交流

2）交叉式蹲姿

交叉式蹲姿双腿呈现交叉的姿态，如图 2-35 所示。下蹲时，右脚在前、左脚在后；右小腿垂直于地面，全脚着地；左腿在后与右腿交叉重叠，左膝由后面伸向右侧，左脚跟抬起，脚掌着地；两腿前后靠紧，合力支撑身体；臀部向下，上身稍前倾。此种蹲姿仅为女士使用，当女士裙子较短时采用交叉式蹲姿可避免走光。

2. 工作中容易出现的不良蹲姿

工作中容易出现的不良蹲姿有以下几种。

（1）下蹲时或站起时速度过快，这样容易惊吓到周围的人。

图 2-35　女性交叉式蹲姿

（2）下蹲时离人太近，正对他人下蹲、背对他人下蹲，这都是不礼貌的表现。

（3）女士在下蹲时张开双腿、弯腰、低头、翘臀，这样容易走光，极为不雅，同时会让对方感到尴尬。

五、手势

手势是人们最常用的一种肢体语言。古罗马政治家西塞罗说过："一切心理活动都伴有指手画脚等动作。手势恰如人体的一种语言，这种语言甚至连野蛮人都能理解。"在民航服务工作中，正确地运用手势可以更好地传递信息，表达情感，进而提高工作效率和服务效果。

1. 手势的分类

手势按其作用的不同可以分为如下几种。

（1）情绪性手势，即用手势表达思想感情。例如，高兴时拍手称快，悔恨时敲打前额，急躁时双手相搓等。情绪性手势是说话人内在感情和态度的自然流露。

（2）表意性手势，即用手势表明具体内容，表达特定含义。这种手势大多是约定俗成的，含义比较明确。例如，招手表示让对方过来，摆手表示不要或禁止，挥手表示再见或致意。

（3）象形性手势，即用手势来进行描述。例如，指东西很大时用双手合成一个大圆，说某人很矮时手向下按。象形性手势使说话者表达的内容更形象、更生动。

（4）象征性手势，即用手势表达某一抽象的事物或概念。例如，说"我们一定要取得这次谈判的胜利"时，手握拳用力向上。

2. 服务手势规范要求

服务手势的基本要求是自然大方、规范到位、适度有礼。使用服务手势应把握以下要领。

（1）多数服务手势应保持五指伸直并拢，腕关节伸直，手掌与前臂在一条直线上。切不可使用手指来指人，那样做具有教训人的含义，是极不礼貌的。指示物品或方向时也不可用手指进行，除非一些微小的物品，如文字。

（2）服务手势提倡掌心向上或斜向上。掌心向下意味着权威、缺乏诚意，不宜在服务工作中使用。

（3）把握好服务手势的幅度。服务手势的幅度不宜过大，上界一般不应超过对方的视线，使用手势时应注意与对方保持适当的距离，不可阻碍或触碰对方。

3. 民航服务人员常用的服务手势

1）递接物品的手势

递接物品时应使用双手，如遇特殊情况无法使用双手时，应使用右手递接，切不可使用左手。双手手指并拢，掌心向上，物品应以方便旅客接纳的方向递送。例如，文字类物品应字体正向旅客以方便旅客阅读，刀叉类物品应将容易伤人的一端向内。递送物品时，身体稍向前倾，眼随手动，配合相应的语言加以说明，如图2-36所示。

2）横摆式手势

横摆式手势如图2-37所示。手掌自然伸直，五指并拢，腕关节伸直，掌心向斜上方与地面大约成45°；肘关节自然弯曲，大小臂成130°~140°的夹角；另一只手自然垂直于体侧，女性民航服务人员也可将其搭于小腹处；身体略微向前倾，面带微笑，眼神兼顾客人和所指方向。

横摆式的手势常用于迎接旅客，为旅客指引方向。

图 2-36 递接物品的手势 　　　　　　图 2-37 横摆式手势

3）直臂式手势

直臂式手势如图 2-38 所示。手掌自然伸直，五指并拢，腕关节伸直，掌心向斜上方与地面大约成 45°；伸直前臂，抬高到约与肩同高的位置；身体略微向前倾，面带微笑，眼神兼顾客人和所指方向。

直臂式手势用于为旅客指引方向或用于指示远处物品。当用于指示远处物品时，手臂的高度可根据物品的高度进行调整。

4）曲臂式手势

曲臂式手势如图 2-39 所示。手臂由体侧向体前自下而上抬起，当手臂抬至与身体成 45°夹角时，以肘关节为轴，手臂由体侧向体前摆动，摆到手与身体相距 20 厘米处停住；手掌自然伸直，五指并拢，腕关节伸直，掌心向斜上方与地面大约成 45°；身体略微向前倾，面带微笑，目视客人。

当民航服务人员一手扶着门或拿着物品时，可用曲臂式手势迎接旅客。

图 2-38　直臂式手势 　　　　图 2-39　曲臂式手势

5）斜臂式手势

斜臂式手势如图 2-40 所示。一手曲臂由体前抬起，高于腰部后，从上向下摆动到与身体成 45°夹角处，手臂向下形成一条斜线；身体略微向前倾，面带微笑，目视旅客。

斜臂式手势主要在请旅客入座时使用。

图 2-40　斜臂式手势

知识拓展

常见手势的含义

人际交往中，由于语言不同，各国的习俗不同，因此各种手势含义各异，这一点在涉外交往中要特别注意。例如，中国人用一只手表达 6~10 等数字，西方却没有这种表达方式；中国人用拇指和小指表示 6，但这种手势在西方表示 2。可见，只有明确了不同手势语言的真实含义，人们才能在交往中正确地受礼与施礼。下面介绍一些常见的手势的含义。

1. 向上伸出大拇指

向上伸出大拇指，在中国表示夸奖和赞许；在日本表示男人、您的父亲；在韩国表示首领、父亲、部长；在欧洲代表打车；在斯里兰卡、墨西哥、荷兰等国表示祈祷命运。若将大拇指向下，多表示看不起、坏的含义。将大拇指指向自己，是自夸的意思，而指向别人，是看不起人的意思，因此不宜将拇指指向自己或别人。

2. 向上伸食指

向上伸食指，在中国表示"1"的概念，或是提醒对方注意；在美国表示让对方稍等一下；在法国表示提问；在新加坡表示"最重要"；在澳大利亚则表示"请再来一杯啤酒"。

3. 伸出食指和中指

伸出食指和中指，成"V"字形手势，若手掌朝外则表示胜利，若手背朝向他人在西欧则表示对他人的侮辱。

4. OK 手势

OK 手势是指拇指和食指合成一个圆圈，其余三指伸直，掌心向外。这种手势起源于美国，表示"同意、赞同、很好"的意思；在法国表示"零"或"没有"；在日本、韩国表示"金钱"；在巴西是一种粗俗下流的手势。

六、眼神

"眼睛是心灵的窗户"，眼睛的表现力是极强的，人们在相互交往中，都在自觉或不自觉地用眼睛说话。民航服务人员在服务过程中应正确地运用眼神与旅客交流，传递情感，同时应认真观察旅客的眼神，体会旅客的情感变化。

在民航服务工作中，规范目光的总体要求是亲切友善、视位恰当、视觉准确。

1. 目光注视的部位

在民航服务工作中，一般情况下不宜注视旅客的头顶、大腿、脚部与手部，尤其不应注视其胸部、裆部和腿部，应根据距离及场合来选择不同类型的目光注视部位。

（1）注视对方的全身。当旅客在较远的距离出现时，目光可注视旅客的全身，并慢慢将视线集中于对方肩部以上。在站立式服务岗位的工作人员，对从远处走来的旅客，目光注视的部位可采用此种方式。

（2）注视对方的脸部。当与旅客进行近距离交流时，目光可停留在旅客的脸部区域，主要集中于对方两眼到嘴之间的倒三角部位，创造轻松、平等的氛围。在注视旅客脸部时，注意目光不要长时间停留于某一点，以免引起旅客的尴尬。在民航服务工作中，注视旅客的脸部是最为常用的。

（3）注视对方的双眼。注视对方的双眼在与旅客交流的过程中需要经常用到，但时间不宜太长。在交流过程中，表达问候、表示歉意或感谢、征求意见、询问需求、向旅客道别等这些需要传递特殊情感及强调重点的场合，务必注视旅客的双眼，以表达尊重之意。

2. 目光注视的角度

在民航服务工作中，目光注视的角度往往能传递对他人的尊敬与否，因此要特别注意目光注视的角度是否得当。民航服务人员主要采用以下几种目光注视的角度。

（1）正视。在与旅客沟通交流的过程中，应正视旅客，这是对旅客的基本尊重，切不可采用斜视的方式。

（2）仰视。当旅客所处的位置比民航服务人员高时，需要采用仰视的方式。除此之外，在为要客服务时，提倡使用正视略带仰视的角度去注视要客，以体现出对要客的重视。

（3）俯视。在民航服务工作中，通常不提倡俯视旅客，只有在为儿童旅客服务时才可使用。使用时注意身体应向前倾，面带微笑，以体现对儿童旅客的关爱。

民航服务人员在工作中切不可使用扫视、斜视、眯视、盯视的方式注视旅客，因为这些方式会使旅客感觉被忽视、被挑衅。

七、微笑

微笑是人际交往的通行证，是世界的通用语言。微笑服务是各服务行业公认的服务准则，微笑服务是民航服务人员必须具备的一项基本职业素养。

1. 微笑在民航服务工作中的作用

微笑在民航服务工作中发挥着奇特的作用，具体表现在以下几个方面。

（1）微笑有助树立个人良好的外在形象，给旅客留下美好的第一印象。微笑是友善、自信的象征，工作中保持微笑是职业修养的充分体现，是塑造良好个人形象的有效途径，可在短时间内给旅客留下良好印象。

（2）微笑能缓解矛盾，打破僵局。在民航服务工作中，旅客难免会产生不满、质疑，民航服务人员的微笑可以快速缓解旅客的情绪，成为主动交往的敲门砖，拆去旅客的心理防线，使之对自己产生信任和好感，从而有助矛盾的化解。

（3）微笑能恰到好处地传达情感。在很多情况下，微笑的作用是千言万语无法取代的。在民航服务工作中，适时地微笑可以传递赞许、谅解、致歉、理解等情感。例如，在交流过程中，用微笑点头的方式表示对旅客意见的赞许；当旅客意识到自己的错误感到不好意思时，用微笑表示对旅客的谅解。

2. 微笑的技巧

微笑看似简单，但要把握得恰到火候也不是一件容易的事。日本航空公司招募的空乘人员所接受的主要礼仪训练之一就是微笑。学员们必须在教官的严格指导下进行六个月左右的微笑训练，训练在各种旅客面前、各种飞行条件下应当保持的微笑，测试不合格是绝对不能执行任务的。

首先，微笑要解决态度问题。微笑的基本要求是发自内心、自然大方、真挚热情。如果在民航服务工作中能够以平等、真诚的态度对待旅客，尊重旅客的感情、人格和自尊心，那么微笑就是真诚的、美丽的，具有凝聚力和感染力的。

其次，微笑要掌握技巧。下面介绍民航服务工作中的三种微笑。

（1）"一度"微笑。"一度"微笑是含蓄的，像春日里的太阳，让人感觉身心舒畅。"一度"微笑时面部表情放松，嘴角微微上扬，呈现自然轻度的微笑，如图 2-41 所示。

（2）"二度"微笑。"二度"微笑像冬日里的暖阳，给人无限的温暖。"二度"微笑比"一度"微笑的程度稍微大一些，嘴角上扬的同时，颧骨肌肉也要明显地向上舒展，嘴巴微张，微微露出约四颗牙齿的边缘，如图 2-42 所示。

（3）"三度"微笑。"三度"微笑像夏日似火的骄阳，分外热情灿烂。在"二度"微笑的基础上，嘴角进一步上扬，脸部肌肉有明显舒展，嘴巴张开露出六到八颗牙齿，如图 2-43 所示。

图 2-41　"一度"微笑　　　　图 2-42　"二度"微笑　　　　图 2-43　"三度"微笑

以上三种程度的微笑，在民航服务工作中应根据具体情况加以使用。通常，当旅客从远处走来进入视线时，民航服务人员应保持"一度"微笑；当旅客走近时，应变为"二度"微笑；在与旅客沟通交流的过程中，应保持"二度"微笑；当与旅客问好、道别、强调重点时，应使用"三度"微笑强化情感。

最后，在民航服务工作中提供微笑服务时应注意把握分寸。在一些特殊情况下，民航服务人员应根据实际情况，适时收起微笑。例如，当旅客倾诉不满、诉说糟糕的境遇时，如仍然保持笑容，势必让旅客觉得自己不被重视、不受尊重。

知识拓展

希尔顿的微笑服务

美国酒店大亨希尔顿于1919年把父亲留给他的12 000美元连同自己挣来的几千美元投资出去，开始了他雄心勃勃的经营酒店生涯。当他的资产奇迹般地增值到几千万美元的时候，他欣喜而自豪地把这一成就告诉了母亲。出乎意料的是，他的母亲淡然地说："依我看，你和以前根本没有什么两样。事实上你必须把握比5100万美元更值钱的东西。除了对顾客诚实，还要想办法让来希尔顿的人住过了还想再来住，你要想出一种简单、容易、不花钱且行之有效的办法去吸引顾客。这样你的旅馆才有前途。"

母亲的话很简单，却让希尔顿苦苦思量。究竟有什么办法让顾客还想再来住呢？简单、容易、不花钱且行之有效的法宝应该具备什么样的条件呢？希尔顿终于想出来了，这就是微笑，只有微笑才有如此大的影响力。这一天，希尔顿上班后的第一项工作便是把手下的所有雇员找来，向他们灌输自己的经营理念："微笑！记住喽。我今后检查你们工作的唯一标准是，你今天对旅客微笑了吗？"

1930年是美国经济萧条最严重的一年，全美国的酒店倒闭了80%。希尔顿酒店也一家接着一家地亏损不堪，一度欠债50万美元。希尔顿并不灰心，他召集每一家酒店的员工特别交代和呼吁："目前正值酒店亏空靠借债度日的时期，我决定强渡难关，一旦美国经济恐慌时期过去，我们希尔顿酒店很快就能出现云开日出的局面。因此，我请各位注意，万万不可把心里的愁云摆在脸上。无论面对何种困难，我们一定要把微笑留给顾客。"就这样，"希尔顿人"凭借着永恒美好的微笑，顺利渡过了难关。

之后，希尔顿又购进了一批一流的现代化设备。他走进每一家酒店召集全体员工开会："现在我们酒店已新添了一流的设备，你们觉得还需要配备一些什么一流的东西来使顾客更喜欢我们呢？"员工们回答以后，希尔顿笑着摇头说："请你们想一想，如果酒店只有一流的服务设备而没有一流服务人员的微笑，那些顾客会认为我们供应了他们全部最喜欢的东西吗？缺少服务员美好的微笑，好比花园里失去了春天的太阳和春风。假如我是顾客，我宁愿住进虽然只有残旧地毯，却处处见到微笑的酒店。我不愿去只有一流设备而见不到微笑的地方。"

从此，希尔顿每天上班对员工说的第一句话就是"你对顾客微笑了没有？"为了让微笑经营这一理念深入每一位员工的内心，希尔顿要求每一位员工每天来酒店上班的第一件事就是集体唱微笑歌，谁都不例外，从希尔顿到每一位员工。微笑服务成了希尔顿酒店文化的精髓，每一个希尔顿人都在用微笑传承着这一理念，用微笑走向世界。

思考与练习

（1）着装的TPO原则指的是什么？

（2）男士穿着西装的"三个三"指的是什么？

（3）民航服务人员在穿着制服时有哪些要求？

（4）民航服务人员在工作期间可以佩戴哪些饰物？有什么具体要求？

（5）民航服务人员的发型有何要求？

（6）民航服务人员在工作期间常用的站姿有哪些？其动作要领是什么？

（7）在民航服务工作中，通常什么场合需要使用蹲姿？其动作要领是什么？

（8）在民航服务工作中，给旅客做引导、指示方向用什么样的服务手势？其动作要领是什么？

（9）在为旅客服务时，目光应该注视的部位是哪里？

（10）在民航服务工作中为什么要提倡微笑服务？微笑的技巧是什么？

案例分析题

（1）小陈是某机场的值机工作人员。一天，她得了感冒，担心机场空调太凉会加重病情，于是上班时就在夏天制服外披了一件外套。休息期间，领导找到她，让她将外套取下，并告诉她今后要严格按照标准穿着制服，小陈觉得委屈，认为领导不近人情，没有考虑员工的实际情况。

请分析：小陈在制服外披外套的做法正确吗？她的委屈是否有理？

（2）十二次微笑[①]

飞机起飞前，一位旅客请求空姐给他倒一杯水吃药。空姐很有礼貌地说："先生，

[①] 王均，杨曙望. 语文（三年级下册）[M]. 北京：语文出版社，2008.

为了您的安全，请稍等片刻，等飞机进入平稳飞行后，我会立刻把水给您送过来，好吗？"

15 分钟后，飞机早已进入了平稳飞行状态。突然，旅客服务铃急促地响了起来，空姐猛然意识到：糟了，由于太忙，她忘记给那位旅客倒水了！当空姐来到客舱，她看见按响服务铃的果然是刚才那位旅客。她小心翼翼地把水送到那位旅客跟前，面带微笑地说："先生，实在对不起，由于我的疏忽，延误了您吃药的时间，我感到非常抱歉。"这位旅客抬起左手，指着手表说："怎么回事，有你这样服务的吗？"空姐手里端着水，心里感到很委屈，但是，无论她怎么解释，这位"挑剔"的旅客都不肯原谅她的疏忽。

接下来的飞行途中，为了补偿自己的过失，每次去客舱给旅客服务时，空姐都会特意走到那位旅客面前，面带微笑地询问他是否需要水，或者需要别的什么帮助。然而，那位旅客余怒未消，摆出一副不合作的样子，并不理会空姐。

临到目的地前，那位旅客要求空姐把留言本给他送过去，很显然，他要投诉这名空姐。此时空姐心里虽然很委屈，但是仍然不失职业道德，显得非常有礼貌，而且面带微笑地说道："先生，请允许我再次向您表示真诚的歉意，无论您提出什么意见，我都将欣然接受您的批评！"那位旅客脸色一紧，嘴巴准备说什么，可是却没有开口，他接过留言本，开始在本子上写了起来。

等到飞机安全降落，所有的旅客陆续离开后，空姐本以为这下完了，没想到，等她打开留言本，却惊奇地发现，那位旅客在本子上写下的并不是投诉信，相反，是一封热情洋溢的表扬信。

是什么使这位"挑剔"的旅客最终放弃了投诉呢？在信中，空姐读到这样一句话："在整个过程中，你表现出的真诚的歉意，特别是你的十二次微笑，深深打动了我，使我最终决定将投诉信写成表扬信！你的服务质量很高，下次如果有机会，我还将乘坐你们的航班！"

请分析：是什么使旅客的不满消失，相反还表扬了这位空乘人员？这对我们的服务工作有何启示？

实训项目

（1）以小组为单位，每个小组搜集一两个知名航空公司的各岗位的制服，说明该航空公司制服的设计理念。

（2）根据工作妆容的要求，进行盘发及化妆的练习。

（3）以小组为单位，根据以下服务场景，进行站姿、坐姿、行姿、蹲姿、服务手势、眼神、微笑的训练。

① 场景一：在机场候机楼问询柜台，工作人员正等待为旅客服务。这时一名旅客匆忙从远处走来询问某航空公司值机手续办理的柜台在何处，工作人员热情地为其服务。

实训要点：站立式服务时的站姿，迎接旅客、与旅客交流时的微笑与眼神的使用，为旅客指示方向的正确手势。

② 场景二：在机场贵宾室，工作人员在门口迎接要客，引导要客进入贵宾室，请其入座；询问要客座位需求，为其办理乘机手续；到登机时间时，通知要客，引导其乘坐贵宾车。

实训要点：站立式服务时的站姿，引导旅客的正确手势，请其入座的正确手势，递接身份证件的正确手势，与要客交流时的蹲姿，微笑服务的使用。

第三章　民航服务语言礼仪

> **学习目标**

（1）理解民航服务语言的基本要求。
（2）了解民航服务常用语，能够根据不同对象、不同场合、不同情况正确地使用称呼语、问候语、征询语、答谢语、道歉语、应答语、告别语等服务用语。
（3）认识倾听的重要性，掌握民航服务工作中倾听的技巧。
（4）掌握民航服务工作中提问的技巧。
（5）掌握民航服务工作中拒绝的技巧。
（6）掌握拨打电话和接听电话的礼仪。
（7）了解民航播音服务的基本内容、要求，熟练应用常用广播语。

第一节　民航服务语言

语言是人际交往中最重要的沟通手段，具有不可替代的重要作用。民航服务工作必须运用好语言这个与旅客沟通和交流的重要工具，使用规范得体的民航服务语言以达到传递信息、沟通情感、满足需求的效果。

一、服务语言的特点

1. 尊敬性

服务工作提倡以客人为中心，服务语言同样应遵循这一理念，体现出对客人充分的尊重和友好，处处做到有"礼"。在服务过程中，应多使用礼貌用语，对客人多用尊称，多使用敬语。

2. 规范性

不同的行业、不同的岗位、不同的流程，服务语言有其特定的在职业活动中形成的明文规定的规范及标准，服务人员必须严格遵守，从而便于服务的规范化和对服务质量的有效控制。

3. 愉悦性

服务语言应营造积极、愉快的氛围，让客人受到感染，产生愉悦的心情，从而更加配合服务工作。因此，服务语言提倡多用美词、雅语，恰当地使用赞美与肯定，尽量避免使用负面语言。

案例 3-1

某电台的播音员收到三位听众的来信，说他们听了优美动听的播音，很想见播音员一面，但知道这不可能，所以希望能得到播音员的照片。播音员理解听众的心情，说了一番既动情又恰如其分的话："三位听众朋友，首先，我非常感谢你们的好意。你们也许听过'知人知面难知心'这句格言。看来，交朋友最难的是交心。那么，还是让我们做知心朋友吧！"

播音员虽然拒绝了听众索要照片的要求，但因为使用了恰到好处的语言，不仅没有引起听众的不满，而且使听众会意于心，倍感亲切。

4. 主动性

服务语言必须热情周到，通过语言的主动性体现服务的主动性。在服务工作中，服务人员应先主动开口，在客人需要帮助时主动询问需求，在客人有疑惑时主动进行解释，在客人有不满时主动征询意见，从而使客人感受到服务人员的真诚与主动。

二、民航服务语言的基本要求

1. 清晰准确

民航服务语言只有做到清晰准确，才能确保沟通的顺利进行。民航服务语言做到清晰准确要注意以下几点。

（1）发音标准。民航服务语言要求发音标准、吐字清晰，否则容易产生歧义。民航服务工作中通常应使用普通话，若客人不会讲普通话，则可适应客人使用方言或外语。

（2）语速适中。语速过快会影响客人接收信息，同时让客人产生民航服务人员应付了事的感觉；过慢会影响工作效率，同时让客人觉得民航服务人员漫不经心。因此，使用民航服务语言应掌握好速度，快慢适中，同时根据客人情况及环境因素进行调整。

（3）音量适当。轻声服务有助于创造舒适、安静的服务环境。因此，民航服务语言音量的大小以客人听得清为标准，切忌音量过大，因为音量过大不仅影响他人，还会给人留下缺乏职业素养的印象。

2. 简洁易懂

民航服务语言要讲究效率，做到简洁易懂，让客人准确无误地听懂自己的话语。内容上，要言简意赅，尽量使用短句子，少使用长句子，不模棱两可，不啰唆重复；使用通俗易懂的语言，避免咬文嚼字、矫揉造作，尽量少用工作上的专业术语。

3. 把握分寸

民航服务人员在使用语言交流时，要时刻注意把握好"度"，不可逾越服务关系；做到不议论时政，不谈论宗教等敏感话题，不涉及个人隐私，不随意闲聊家常；赞美客人时要适度，以免显得热情过度。

4. 处处有礼

民航服务语言的使用应以客人为中心，处处尊重客人、礼让客人，要注意以下几点。

（1）语气亲切平和。语气直接体现着说话者的心态。民航服务人员要始终保持亲切平和的语气，给人以友善、亲切、耐心的听觉感受。遇到特殊情况时更要注意控制情绪，保持语气的平稳，从而体现出稳重的职业形象，增加客人的信任度，切不可慷慨激昂、歇斯底里。

（2）用词文雅。在交流中，民航服务人员要做到用词文明高雅，切不可使用脏话、黑话、粗话、怪话、气话、荤话。

（3）注意互动。民航服务人员在与客人的沟通过程中不可一味地讲，应注意观察客人的表情、神态，根据实际情况调整讲话内容及方式，并适时停下让客人表述观点。

（4）配合友好的体态语言。与客人进行语言交流时应配合恰当、友好的体态语言，如眼神、微笑、表情、点头、手势等，这样可以达到更好的情感传递效果，但在使用时要注意规范和适度，不可过度。

（5）以客人为中心。在语言的使用上应处处体现以客人为中心的服务理念。民航服务语言尽量少用以"我"为中心的语句，把"我"改为"您"，一字之差，效果将会大大不同。例如，"我的看法是……"可改为"……，您看这样如何"。

第二节　民航服务常用语

一、称呼语

在民航服务工作中，使用正确、适当的称呼，既能反映自身的修养，又能体现对服务对象的重视和尊重。在民航服务工作中称呼他人有以下几点要求。

1. 以"您"相称

在民航服务工作中，称呼服务对象时应使用"您"，而不能使用"你"，这是民航服务语言最基本的要求。

2. "先生""小姐""女士"的正确使用

"先生""小姐""女士"是通用的称呼方式，也是民航服务工作中常用的称呼方式。男性可一律称为"先生";未婚的女性可称为"小姐""女士",已婚的女性可称为"夫人""太太"(如不清楚对方的婚姻状况,可根据情况对年轻的女性称"小姐",对年纪稍大的称"女士")。使用这类称呼时,可以带上对方的姓名,也可以只带上姓,但不能只带名而不带姓。

3. 多使用敬称

敬称的使用给人以高雅的感觉,是对对方充分尊重的体现。对于德高望重的老人可在对方的姓氏之后加"老"字相称,如"陈老""钱老"等;称呼他人的亲属时可使用"尊""贵""令""贤",如"尊夫人""令尊"等;必要时,可以使用职务、职称、职业作为称呼,如黄经理、王医生、刘教授等。

4. 准确识读对方的姓名

在民航服务工作中,若需要使用对方的姓名,一定要确保发音准确。若不确定姓名准确的读音,切不可随意猜测。如果没有时间确认,则应该致歉后向对方询问正确的读法。

5. 恰当使用一些日常称呼

在民航服务工作中,恰到好处地使用一些日常称呼,有助于拉近与客人的关系。例如,对老人可称呼"大爷""大妈",对年轻的长辈可称呼"阿姨""叔叔"。这类称呼在民航服务工作中使用时必须谨慎。

6. 切忌使用的称呼

在民航服务工作中,以下几种称呼不适合使用:第一,亲昵的称呼,如亲爱的、宝贝儿等;第二,地域性的称呼,如大妹子、伙计等;第三,庸俗的称呼,如哥们儿、姐们儿等。

二、问候语

问候语是见面时的"开场白",不可省略。在民航服务工作中,最常用的问候语是"您好",还可根据时间的不同使用"早上好""下午好""晚上好"。除此之外,可根据实际情况改变单调的问候方式,如在节假日期间可使用"新年好""中秋愉快"等。

在民航服务工作中使用问候语要做到以下两点:第一,主动问候,民航服务人员要先于客人问候对方,以体现积极主动的服务态度;第二,热情问候,问候不仅是语言的传递,还应配合点头或鞠躬的动作、恰当的微笑和眼神。

三、征询语

征询语用于征求意见、询问需求,是民航服务工作的一个重要部分。常用的征询语有"请问有什么我可以帮到您的吗""您还有别的事情需要我帮忙吗""您是需要……还是……""如果您不介意的话，我可以……"等。

在民航服务工作中应多使用征询语，以协商、谦恭的口吻与客人交流，避免使用命令式、通知式的语气；应常将"您看这样可以吗""这样的方式您还满意吗"等这类征询语用在句末，将主动权留给客人，让其感受到被重视，从而获得客人的支持与配合。

四、答谢语

在民航服务工作中，"谢谢"应时常挂在嘴边。当获得客人的帮助、得到客人配合和支持、赢得客人的理解、获得客人的夸奖、客人提出意见、婉言谢绝客人时，民航服务人员都应该真诚道谢。

民航服务人员应根据具体情况灵活使用答谢语。例如，"谢谢您的配合""谢谢您的夸奖""谢谢您的鼓励""谢谢您的建议"等。在特殊情况下，如需要表达强烈的感谢时，可使用"非常感谢您""十分感谢"等强调情感。

五、道歉语

在民航服务工作中，"对不起"除可用于对自身失误的道歉外，对于客人的任何不满，不管是何种因素引起的，也不论责任在谁，都应该先赔礼道歉，真诚地说声"对不起"。这样做一方面表现出对客人的尊重，另一方面可以在第一时间缓解客人的不满情绪。

除了"对不起"，常用的道歉语还有"很抱歉让您久等了""请您原谅""实在对不起，这是我的失误""非常抱歉我们没能让您满意""给您添麻烦了"等。使用道歉语时态度一定要诚恳，否则将适得其反。

六、应答语

在民航服务工作中，对于客人的话语应仔细倾听并在第一时间给予回应。常用的应答语有"好的，我明白您的意思""我会尽量按照您的要求去做""请您稍等，我马上给您查询""不好意思，我没听清，您说的是……吗"等。

七、告别语

告别语与问候语同样重要。常用的告别语有"再见""您走好""期待您的下次光临""祝您旅途愉快""一路平安"等。

使用告别语时应配合点头、挥手或鞠躬等肢体语言，不能敷衍了事，在条件允许的情况下应目送客人离开。

八、服务禁忌用语

1. 不友好的语言

民航服务语言一定要真诚、友好，任何不友好的话语都不可使用，如"有本事你去找领导""你爱干什么干什么，我不伺候了""你有什么了不起的"等。除此之外，更不可对客人使用粗话、脏话、怪话等，如"智障""滚蛋""乡巴佬"等。

2. 不耐烦的语言

在民航服务工作中，对于客人的提问及请求，务必耐心应对，要做到有问必答、答必尽心、百答不烦。切不可出现不耐烦的语言，如"快点快点，我正忙着呢""上面写着呢，自己看去""等会儿，我现在没空""有完没完啊，我都说了好几遍了"等。

3. 拒绝的语言

客人不希望听到拒绝的语言，他们希望获得帮助、解决问题。因此，"我不知道""这不是我的职责""我管不了""这不可以"这类语言不可随意使用。面对客人的请求，如果真的无法做到，要先让其明白"我们是愿意帮助他的、我们能够做什么"，而不是直接拒绝客人。

4. 责怪的语言

客人是被服务者，在服务过程中千万不可指责客人、对客人进行说教。"你怎么连这个都不知道""这都怪你自己""谁让你自作主张"等话语只会更激怒客人，将矛盾激化，切不可在服务过程中使用。

知识拓展

常用礼貌用语口诀

初次见面说"久仰"，长期未见说"久违"；
与人相见说"您好"，问人姓氏说"贵姓"；
麻烦别人说"打扰"，求人办事说"拜托"；
请人帮忙说"劳驾"，得人帮忙说"谢谢"；
求人原谅说"包涵"，向人表歉说"失敬"；
向人询问说"请问"，请人批评说"指教"；
等候他人说"恭候"，宾客来到说"光临"；
迎接客人说"欢迎"，请人入座说"请坐"；
中途先走说"失陪"，请人勿送说"留步"；

向人祝贺说"恭喜",答人道贺用"同喜";
赞人见解说"高见",得人夸奖说"过奖";
与人道别说"再见",送人远行说"平安"。

第三节　服务语言沟通技巧

一、倾听的技巧

倾听是一种情感活动,也是一种能力,更是一种艺术。在服务工作中,倾听往往比讲话更为重要,在倾听时应该给客人充分的尊重、情感的关注和积极的回应,力求达到最佳的沟通效果。

> **知识拓展**
>
> **"听"的繁体字"聽"**
>
> 倾听的"听"的繁体字"聽"里有一个"耳"字,说明是用耳朵去听的;"聽"字的下面还有一个"心"字,说明听时要用心去听;"聽"字里还有一个倒下的"目"字,说明听的同时要用眼睛去观察对方;"聽"字里还有一个"王"字,说明要把说话的人当成是帝王来对待。从听字的繁体结构中可以看出,倾听时不仅要用耳,还要用心、用眼,更重要的是要把倾听对象看成是帝王,给予充分的尊重。

1. 服务工作中倾听的重要性

(1) 倾听是获取需求最简捷的途径。针对需求提供服务是提高服务效率的关键所在。认真倾听是获取需求最直接、最简单的方式,服务人员应用耳、用心、用眼倾听客人的话语,从中识别出客人的准确需求,听出客人的潜在需求。

(2) 倾听是对客人表达尊重的有效方式。认真倾听客人讲话,是对客人表达尊重的有效方式,会让客人产生被重视、被关注的感觉。

(3) 倾听可以给客人留下良好的印象。倾听是服务人员个人素质的体现,专注地倾听客人讲话,能使客人对服务人员产生信赖和好感,拉近双方的距离,便于服务工作的开展。

(4) 倾听满足了客人倾诉不满的需要。客人在遇到不满时往往希望有人能够听其抱怨、听其倾诉。客人的倾诉是情绪的宣泄,而以正确的态度倾听客人的抱怨是解决不满的关键步骤。

2. 服务工作中有效倾听的要求

在服务工作中有效倾听要争取做到以下三点。

（1）能听懂：听清字句。倾听首先要做到听懂客人说的每个字、每句话，不能有遗漏。若未能听懂客人的话语，应礼貌询问直至清楚为止，切不可凭自己的经验来猜测客人讲话的内容。

（2）能听音：听话外之音。倾听时除了听清说话的内容，还应该注意倾听客人说话的语速、音量、语气及语言的表达方式，这些都可能会传递出客人的情感及需求。

（3）能观势：看神情态势。倾听的同时要注意看，观察客人的表情、动作，看出其省略的和没有表达出来的内容或潜在的需求。

3. 干扰倾听效果的因素

在服务工作中，为了保证做到有效倾听，要克服以下常见的干扰因素。

（1）环境的干扰。民航服务交流的场合，环境往往较为嘈杂，周围人的说话声和走动声、机器设备的声响、广播的声音等都可能影响倾听的效果。遇到这种情况，服务人员要更加集中注意力，必要时请客人加大音量。若是有关重要事情的交流，可请客人到较为安静的场所进行。

（2）注意力不集中。服务人员身体不适、疲倦劳累、思想分散、不良的情绪等都会造成难以集中注意力，无法认真倾听。

（3）先入为主的思维定式。由于服务流程相似，服务人员容易形成先入为主的思维定式，而不能耐心倾听客人讲话。也就是说，不论客人讲什么，都马上与自己的经验联系在一起，用自己的方式去理解，从而错误理解客人的意图。

案例 3-2

一位顾客来到商场收银柜台："小姐，刚才你算错了80元。"收银员立刻一脸不高兴地说："你刚才为什么不点清楚！离开柜台，概不负责。"顾客一愣，说："那谢谢你多给了我80元。"说完，顾客扬长而去，收银员目瞪口呆。

在多数情况下，收银员遇到的都是来要回少找的钱的，因此形成了思维定式，认为这位顾客也是来要钱的。

（4）急于对某一部分做出反应。在倾听过程中，往往对某一部分的内容有较强的反应，急于解释或反驳。在这种情况下，服务人员容易打断客人的讲话，或者无法专心听完后面的内容。

（5）过早地得出结论。在客人还未讲完时，过早地得出结论，于是忽略了后面的内容，得到不完整的信息，得出错误的结论。

案例 3-3

从前有个店铺的伙计特别馋，整天想着吃。有一天，掌柜对他说："你去买点竹竿回来，我要……"话还未讲完，伙计早就拿着钱跑了，他到肉店用那些钱买了猪肝，又买了点熟猪耳朵放在口袋里，准备留给自己吃。回去后，掌柜气得大骂："你没听见我说买什么吗？你的耳朵呢？"伙计没听懂掌柜的意思，以为自己的小算盘被发现了，吓得赶忙掏出猪耳朵，说："耳朵在这儿呢。"

这位伙计把"竹竿"听成了"猪肝"，但若他把掌柜的后半句话听完也就不会造成这样的误解——掌柜的后半句话是"我要做个晾衣架"。

（6）个人的情感偏见。倾听者心存偏见会在很大程度上影响倾听。偏见让人对倾听到的内容进行选择性的摄取，甚至做出错误的判断。

4. 服务工作中的倾听技巧

（1）专心倾听。倾听客人讲话时应全神贯注，尽量消除外在和内在的干扰因素，营造一个舒适的环境和良好的身心状态。专心倾听要让客人知道，并使客人感受到被重视。在倾听的过程中应与客人保持视线接触，身体稍稍向前倾，不可出现心不在焉的行为，如东张西望、时不时看手表、随手把玩等。

（2）不随意打断客人的讲话。让客人把话说完、不随意插话，是对客人的基本尊重。特别当客人在表达不满时，千万不要随意打断试图进行解释，应该让客人将不满倾诉完，以免因打断客人而更加激化其不满情绪。

（3）适时地认同客人。服务中应带着同理心去倾听，做到感同身受。因此，在倾听过程中，应适当地认同客人，可使用点头、微笑等动作或认同的话语，如"我非常理解您现在的感受""对的，是这样的""我们之前也收到过类似的建议""这真是个不错的主意"等。

（4）做必要的记录。通常，人们的即时记忆并保持的能力是有限的，必要时应该在倾听时做好记录。做记录的好处在于：一方面，可以帮助记忆，确保不遗漏；另一方面，做记录可给客人重视其讲话内容的印象，当停笔抬头望向客人时，又会对其起到鼓励其继续讲下去的作用。

（5）确认理解一致。在倾听过程中，应对客人所说的内容进行总结陈述，对不清楚的部分进行询问或请求客人解释，以确保理解一致，避免误解。常用的表达方式有"刚才您说的是……，我理解的对吗""我跟您确认一下信息，……，对吗""我重复一下您的信息，麻烦您确认是否有误……""您刚才提到的……，麻烦您能再具体一些吗"等。

（6）将听与判断分开。在倾听的过程中不要急于做出判断，这时候得出的结论往往是不够准确和全面的。应先耐心听完完整的内容、了解完所有的细节，再进行相应的反馈。

知识拓展

倾听是最好的恭敬[①]

在毗邻海岸的新泽西，我在一家百货商店买了一件衣服，结果令人失望，这件衣服褪色，把我的衬衫领子都染黑了。

[①] 戴尔·卡耐基. 人性的弱点 [M]. 武汉：长江文艺出版社，2009.

我带着这件衣服返回该店，找到卖衣服给我的售货员，并将事实告诉他。我想告诉售货员此事的经过，但被售货员打断了。

"我们已经卖出了数千套这种衣服，还是第一次碰到挑剔的人。"这位售货员反驳道，语气非常不屑，"你在撒谎，想故意找碴儿吧！我再给你看一两件。"

争得正激烈，另一位售货员插进来，说："所有黑色衣服开始都要褪点色，没办法，这种价钱的衣服就是这样子。那是颜料的关系。"

我火冒三丈——第一位售货员怀疑我的诚实，第二位暗示我买了一件便宜货。我十分恼怒，正要与他们吵。这时，他们的经理来了，他知道他们的职责，也正是这位经理让我的态度完全改变了。这位经理将一个怒火中烧的人变成了一个满意的顾客。他采取了三个步骤。

第一，他倾听我从头到尾讲述这个经过，不发一言。

第二，当我讲完了，售货员又要插嘴时，他站在我的立场上与他们争论。他指出我的领子明显是被衣服所染，而且坚持认为，不能使人满意的东西就不应从店里出售。

第三，他承认他不知道原因，并直率地对我说："你要我如何处理这件衣服呢？你怎样说，我照办。"

几分钟前，我还想告诉他们收起这件可恶的衣服，但现在我却说："我只是需要你的建议，看这种情形是不是暂时的，有什么办法解决。"

他建议我再将这件衣服穿一个星期试试。"如果到时仍不满意，您可以再换一件满意的。非常抱歉，给您带来不便。"他说。

我满意地离开了这家店。一个星期后，这衣服没有毛病，我也恢复了对这家店的信任。最挑剔甚至是最激烈的批评者，常常会在一个耐心和富有同情心的倾听者面前软化。哪怕挑衅者像毒蛇一样张开嘴巴吐出毒物也一样要倾听。

二、提问的技巧

提问是服务语言的一项重要内容，服务人员在服务工作中要巧妙地运用提问的方式，做到问其所需。

1. 服务工作中提问的作用

1）获取所需的信息

提问是获取信息最直接的方式。例如，请问您的航班是从哪里到哪里的呢？您对我们的处理是否满意呢？请问您具体指的是哪个方面呢？这类问题很有针对性，往往有一个典型的、常见的引导词，如"什么""谁""什么时候""是不是""怎么""会不会"等。

2）表示对客人的重视

"您看这样处理您能接受吗""这样的方式您还满意吗""不知您是否觉得合适"等

这类征询用语在服务语言中常被用在句末，以体现对客人的重视，将主动权留给客人。另外，一些服务性的提问也同样表示了对客人的尊重。例如，见到客人时主动询问"请问有什么可以帮到您的"，服务完成后还应再次询问"请问还有什么需要我帮忙的吗"。

3）鼓励客人继续讲话

如果服务人员觉得客人的话还没有说完，或者有些问题还不清楚，那么，服务人员可用提问的形式鼓励客人继续讲下去，如"就这个问题，您还有什么想法吗""您能将这个细节描述得再详细一些吗"，进而了解更详细的情况。

4）确认是否理解正确

如果对客人话语的含义没有十足的把握，可用提问的方式进行确认，如"刚才您说的是……，我理解的对吗""您的意思是……，对吗"。使用提问的方式进行确认，比让客人复述的方式更为妥当。

5）传递信息

有些问题表面上看起来似乎是为了获得自己希望的消息或答案，事实上，却同时把自己的感受或已知的信息传达给了客人。例如，"您确定这是您本人的证件吗"。这句问话表面上看是在向客人确认，但同时也向客人传递了服务人员对此有疑问的信息。这类问题会给客人一定压力，在服务工作中要慎重使用。

6）得出结论

提问还可用来得出结论，结束话题。例如，"好的，我明白您的意思了，您是需要……，是吗"。

2. 服务工作中提问的技巧

1）运用封闭式的提问方式快速获取特定信息

封闭式的提问指的是答案具有唯一性或范围有限的问题。封闭式的提问有两种方式：第一，提问时给客人一个范围，让其在可选的几个答案中进行选择，类似选择题，如"请问您需要咖啡、茶水还是可乐"；第二，让客人用"是/不是""有/没有""对/不对"等这类简单词语来作答，如"请问您的行李里是否有易碎物品"。

封闭式的提问是服务中较为常用的提问方式，它能够让对方按照指定的思路去回答问题，快速准确地获取所要的答案，方便服务工作的开展。需要注意的是，封闭式提问不宜连续进行，否则会让客人觉得被动、约束，产生被审问的感觉。

2）运用开放式的提问方式获取详细的信息

开放式的提问指的是对答案内容限制不严格，范围较大，给客人以充分发挥空间的问题。常用的关键词有"什么""怎样""为什么""如何"等。例如，"您对我们有什么建议吗""您需要我们怎样做来满足您的需求呢"。

在服务工作中，开放式的提问通常用于征询建议、解决矛盾、处理投诉的场合。开放式的提问能够让客人对有关的问题、事件给予较为详细的反映，引导客人讲出更多相关的情况、想法、情绪。

3）不问与工作无关的问题

一般情况下，在服务工作中不应涉及与工作无关的话题，尤其不应该提问有关客人个人生活、工作的问题，如年龄、收入、工作单位、婚姻状况等。

三、拒绝的技巧

拒绝，是一门艺术，也是一门学问，能够体现出一个人的品德、修养和学识，巧妙的拒绝可以使对方在拒绝中感受到真诚、善意与信赖。

服务工作应以客人为中心，服务人员对于客人的各种需求要尽量满足，对于一些实在难以满足的应当学会巧妙地拒绝。在拒绝客人时，客人的挫败感越少越好，不受尊重的感觉越小越好，尽量不让客人感觉丢面子、伤感情。

案例 3-4 巧说"不"字

有位军官一再请求英国首相狄斯雷利加封他为男爵。这位军官才能超群，狄斯雷利也很想跟他搞好关系，但他不够加封条件，因此狄斯雷利无法满足他的要求。一天，狄斯雷利把军官单独请到办公室，对他说："亲爱的朋友，很抱歉我不能给你男爵的封号，但我可以给你一件更好的东西。"

狄斯雷利放低声音说："我会告诉所有人，我曾多次请你接受男爵的封号，但都被你拒绝了。"

消息传出，众人都称赞这位军官谦虚无私、淡泊名利，对他的礼遇和尊敬远超过任何一位男爵。军官由衷地感激狄斯雷利，后来成了狄斯雷利最忠实的伙伴和军事后盾。

狄斯雷利的聪明就在于，他明白军官真正需要的不是一个男爵头衔，而是封爵之后的巨大荣耀。

1. 服务工作中的拒绝技巧

1）对于触及底线的问题应严词拒绝

对于客人各种各样的需求，服务人员应该尽可能满足，但是对于违背安全原则、违法乱纪、严重违背社会公德等触及底线、触及原则的问题，应该马上拒绝，并且用语要坚定，如"对不起，这是不允许的"。严词拒绝这种方法在服务工作中要尽量少用，只有万不得已时才可以采用，之后最好能用言语或其他补偿方式来平复客人的情绪。

2）用不断坚持的方式表示拒绝

当面对客人难以开口说"不"时，服务人员可采用不断坚持自己的立场，同时不反驳客人要求的方式。这样无须当面拒绝客人，同时可使客人理解服务人员的难处，从而"妥协"。

3）拒绝的同时说明原因

拒绝客人的同时应向其说明原因，并且要解释清楚，力求获得客人的理解，使其能够欣然接受。

4) 拒绝后应及时给予补偿

不可简单地拒绝客人，在拒绝客人之后，服务人员应该及时给予补偿，为客人寻找替代方案，告诉客人可以为其做的事情，使客人注意听解决方法，转移客人的注意力。多数的问题都可能存在多种解决方式，努力帮助客人寻求合适的解决方式而不一味地拒绝，可让客人感觉到服务人员的真心服务，从而由不满转为满意。

2. 使用恰当的拒绝语言

拒绝他人时应注意语言的使用，要争取把"不"说得委婉一些，让客人易于接受。

（1）不论何种原因要拒绝客人，在使用拒绝语言之前都应先真诚地向其致以歉意，说声"对不起""很抱歉"等，表示对客人的尊重。

（2）尽量不用"虽然……但是……"这种句式。这种句式表面上看似委婉，但只要一说出来，客人就知道重点在"但是"之后，就知道被拒绝了，而且这种句式可能会给客人造成虚伪的感觉。

（3）从客人的角度出发来解释拒绝的原因。在向客人说明原因时不能一味地解释那样做对航空公司或机场的不良后果，应该尽量从客人的角度出发，告诉客人如果那样做会对他产生什么不利影响，这样更能得到客人的认同，获得客人的理解，同时让客人感受到服务人员的同理心。

| 知识拓展 |

处理投诉的技巧

处理投诉是服务企业常要面对的问题。成功的服务并不在于没有出现过投诉，而在于能够妥善处理投诉。处理不好投诉，会影响客户与企业的关系，甚至会有损企业形象，给企业造成恶劣的影响。

1. 投诉产生的原因

产生投诉最根本的原因是客人没有得到预期的服务，即实际情况与客人的期望有差距。即使产品和服务已达到良好水平，但只要与客人的期望有距离，投诉就有可能产生。常见的投诉原因可以归结为以下几类。

（1）客人在享受服务的过程中遭到歧视，没有人聆听他们的需求。

（2）没有人愿意承担错误或责任。

（3）因为服务人员的失职使客人的金钱或时间受损。

（4）客人的问题或需求得不到解决，也没有人向他们解释清楚。

（5）客人认为服务人员应该可以或应该去解决一些问题。

2. 投诉的好处

对于企业而言，投诉是坏事，也是好事。客人的投诉是灾难，同时也是机会，关键在于如何理解及面对。

（1）投诉可以帮助企业发现自身的不足之处。
（2）投诉是客人提供给企业继续为他们服务的机会。
（3）投诉可以帮助企业培养长期理性的顾客。
（4）投诉可以促使企业更好地改进产品。

案例3-5

伦敦西斯罗机场把乘客的不满意视为改善服务的新起点。"乘客的任何不满都可以向我们脱口而出，如此才能创造愉快的关系。"他们在旅客通道处，专门为那些对公司服务不满的乘客设有一种录像装置。乘客可以利用这种装置来发泄心中的怒气，"苦恼与不满"都被记录下来，机场雇员事后会根据录像——作答，直到乘客满意为止。这样，该机场在国内外乘客中树立起了良好的形象，并带来了可观的收益。

从中可见，乘客的投诉，等于无偿向企业提供了有用的信息。因为这种投诉，实际上是告诉经营者哪些方面的工作还应改进，从而减少了为搜集这方面的信息而花费的人力、物力、财力。这里的认识转机在于，把乘客的抱怨看成是"医生"的忠告。

3. 投诉的心理需求

（1）被重视。客人希望自己受到重视和善待，而不是被应付、被冷落。他们希望与他们接触的人是真正关心他们的要求或能替他们解决问题的人，他们需要被理解和设身处地的关心。

（2）被倾听。客人需要将不满倾诉，希望被用心倾听，而不是被打断、否认或找借口。

（3）专业化的处理。客人需要专业化的解决方案，希望投诉能够有一个知道怎样解决并且能够帮助解决的人来处理，而不是一个仅仅应付他们的人。

（4）迅速处理。客人需要迅速与彻底的反应，而不是拖延或沉默。速度是关键，速度体现了态度。一旦解决问题的时间被拖延，不论结果如何，客人都不会满意，而且拖得越久处理的代价越高。

4. 处理投诉的技巧

1）用心倾听

倾听是处理投诉的重要步骤。当客人在倾诉他们的不满时，服务人员应当保持足够的耐心去听，不要打断客人，不做任何的反驳。让客人把要说的话及要表达的情绪都发泄出来，同时从中发现客人的真正需求，从而获得处理投诉的重要信息。

2）表示道歉

不论客人的投诉是否合理，都应先表示真诚的歉意，毕竟客人是在享受服务的过程中遭遇不满。第一时间表示歉意可以快速平复客人的情绪，同时也表示出勇于面对的态度。

3）确认问题

对于客人的投诉，要认真了解每个细节，确认问题的症结所在，并用纸和笔将问题记录下来。如果对投诉的内容不是十分了解，可以在客人将事情说完之后再有针对性地进行询问。提问时应注意不能让客人产生被质问、被质疑的感觉,应以恰当的方式引导客人说出相关的内容。例如,"很抱歉,刚才您提到的……我还不是很了解,您说的是……吗"。在客人说明问题时,要及时以"我明白了"之类的回应来表示自己对问题已经了解了。

4) 解决问题,持续反馈

解决问题是最关键的一步,只有有效、妥善地解决了客人的问题,才算完成了对这次投诉的处理。寻找解决方案时应该尽量探寻客人希望的解决方法,若真的无法做到客人所期望的,那么也一定要诚恳地告诉客人可以给出的方法有哪些,征求客人的意见。

如果无法迅速解决问题,就应该向客人持续反馈事情的最新进展。即使没有进展也要坚持进行反馈,让客人知道他的问题一直被关注着,不要让客人有被怠慢的感觉,而再次引发不满。

5) 礼貌结束,超越期望

解决问题之后,要持续做好后续服务,关注解决方法是否落到实处,进行必要的回访。应当利用好这一机会把投诉客人转变成忠诚客户,可适当追加赠送一些小礼品或以其他方式作为惊喜,以超出客人预期的方式真诚道歉,同时对客人提出建议及选择本企业的产品表示感谢。

第四节 电话礼仪

电话是当今社会人与人沟通交流不可缺少的重要工具,也是民航服务工作常用的沟通工具。电话订票、航班查询、服务咨询、建议投诉等服务工作都需要使用电话这一工具。因此,掌握电话礼仪、规范使用电话、展示良好的电话形象是民航服务人员必备的职业素质。

与面对面的交谈相比,电话交谈最突出的特点是人们不能见面,需要凭借电话传递出来的声音元素去揣摩对方的情感和意图。电话形象主要受以下三个要素影响:第一,时间和空间的选择;第二,通话的态度,即通话时的表情、语音、语调、音量、停顿等;第三,通话的内容。

一、电话服务语言的要求

1. 清晰准确

电话服务语言的传递要确保清晰准确,减少误解,因此,服务人员要做到以下几点。

(1) 使用普通话，吐字清楚，发音准确。

(2) 要注意保持适中的音量。音量过小，对方听不清；音量过大，会让对方感到不适。

(3) 根据实际情况调整通话语速。通话的语速应尽量接近对方的语速，以适应对方。另外，对于一些重要的内容或难以理解的内容可适当放慢语速，以起到强调的作用。

2. 简洁明了

电话服务语言力求言简意赅，将所要传递的内容用最简洁明了的语言表达出来，多使用口语化的语言，少使用书面语言，少用专业术语，不说废话，不重复啰唆。

3. 礼貌友好

电话服务语言应文明、礼貌，态度应热情、友善、谦和，声音文雅有礼、语气柔和沉稳、语调平和，多使用谦恭、恳切的话语，恰当使用尊称、欢迎语、致敬语、致歉语、致谢语、祝福语、告别语，表达对对方的尊重和敬意。

二、接打电话的仪态要求

电话沟通的双方虽然无法见面，但是通过电话同样能"听"出一个人的态度，因此接打服务电话除了要掌握电话服务语言规范，还应注意接打电话时的仪态，要将尊重、友好、礼貌传递给对方。

(1) 接打电话时用左手持握听筒，话筒离唇部大约3厘米的距离，右手必要时可操作键盘、查阅资料、记录内容。

(2) 接打电话时应坐姿端正、精神饱满。正确的坐姿能放松身心，有利于愉悦、清楚地发声；不良的坐姿，如趴在桌面、仰靠椅背等，会使人的声音变得慵懒、无精打采。

(3) 保持微笑。接打电话保持微笑能使人的声音轻快愉悦，使对方感受到友好，让对方"听见"你的微笑。对此，许多公司在对新员工进行培训时，要求员工对着镜子打电话，以训练员工打电话时的神态与表情。

(4) 不做无关事情与动作。接打电话时应专心致志，不做无关的事情及一些下意识的小动作，如看书、把玩笔、抖动双腿等，因为这些都可能会使对方感觉到你不够专心。

(5) 接打电话过程中不可进食。接打电话时严禁吃东西，也不允许喝水，因为这是极不礼貌的表现。

三、拨打电话的礼仪

1. 选择合适的通话时间

打电话应选择合适的通话时间，若非事情紧急，应避开节假日、避开就餐和休息的时间，应尽量选择工作日上午 9：00—12：00、下午 14：00—17：00。如遇到特殊或紧急情况，急需在节假日、清晨、夜晚、就餐、午休时间通话，接通电话后应表示歉意。拨打国际长途电话时，需要提前计算好时差，以免给对方带来不便。

电话交谈时间不宜过长，每次通话通常应尽量控制在 3 分钟以内。如果确实需要很长时间，接通电话后应先告知对方，征得其同意。若对方当时不方便接听，应另约时间。

2. 提前做好通话准备

不论拨打电话的目的是什么，在拨打电话之前都应做好必要的准备工作。确认对方的姓名与电话号码，以免拨错电话；准备好笔、记录本，以及需要的资料和文件，确保通话时不至于慌乱；组织好通话的内容，简单的问题可打个腹稿，复杂的事情最好列个提纲，以免出现遗漏；预估对方的情况，准备好应对方案，如"如果要求被拒绝了该怎么办""如果对方提出的方案做不到该怎么办"等。有了充分的准备就不至于语无伦次、条理不清、词不达意。

3. 表明身份并确认身份

电话拨通后，应首先向对方问好，然后迅速报上自己的单位、部门，必要时还应该报上自己的姓名。例如，"您好，我是××公司××部门的王明"。如果对方没有主动告知单位、姓名，应该先确认对方的身份，如客气地问"请问您是××单位吗""请问您是××先生/小姐吗"等。如果拨错了电话，应礼貌道歉，如"对不起，我拨错电话了"，切不可直接将电话挂断。

若接电话的人不是要找的人，应礼貌地请对方帮忙，如"请帮我找一下××先生/小姐好吗？谢谢"，之后，安静地在电话机前等候，切不可同时干别的事情。如果要找的人不在，可请接电话的人帮忙转告并表示谢意，如"麻烦您转告××先生/小姐……"。

4. 礼貌挂断

通话结束时，应使用简洁的告别语，如"谢谢您，再见""谢谢您的接听，祝您生活愉快"。挂断电话时应轻放听筒。

四、接听电话的礼仪

1. 及时接听

接听电话的最佳时机是电话铃响 2~3 声时。如果电话铃一响就立刻接听，可能让对方感到突然；如果电话铃响超过 3 声之后，可能让对方感到焦急和不安。因此，在准确的时机接听电话是电话服务的关键一步。

2. 礼貌应答

接听电话，应在接起后马上问好、自报单位，节约对方时间，让对方知道自己没有拨错电话，同时主动要求提供帮助，如"您好，这里是××公司，请问有什么需要帮助的吗"。

3. 认真倾听，做好记录

通话过程中，应仔细倾听对方的讲话。由于电话交流双方见不到面，为了让对方知道自己一直在倾听，应不时地给予必要的回应，如"是""对""好"等。必要时应做好电话记录，帮助记忆及后续事务的处理。

4. 礼貌帮助对方找人

若对方找的不是自己，应主动回复"请稍等，我帮您去叫"，并立即去叫受话人。叫人时不可大声呼喊，不可使用外号、昵称等称呼，必要时掩盖听筒。如对方要找的人不在，应告诉对方并表示歉意，询问对方是否有要事转告，如有，要认真记录下来，并且复述一遍，以免出错。

记录电话留言时应注意这几个要点：①对方的单位、姓名；②来电的时间、日期；③电话的具体内容；④是否需回电，及回电的号码、单位、姓名；⑤在通话结束之前应向留言者复述留言要点，请对方确认；⑥把留言记录本放在显眼处以免忘记转告；⑦把留言记录本交给当事人时，还应同时口头传达一次。

5. 礼貌挂断

通话结束时，可谦恭地询问对方："请问还有什么事可以帮到您的吗？"这样，既表示对对方的尊重，又提醒对方把要讲的话讲完。之后，使用简洁的告别语，感谢对方来电。例如，"谢谢您，再见""感谢您的来电，祝您生活愉快"等。挂断电话时应轻放听筒。

五、挂断电话的顺序礼仪

通话结束后，挂断电话需要遵循一定的顺序。通话结束，一般由被叫方挂断电话。但当与长辈、上级、尊者、客户等地位高的一方通话时，应由地位高的一方先挂断电话。因此，作为服务电话，无论是拨打电话还是接听电话，都应让对方先挂断电话，以表示尊重和敬意。

六、电话常用语及禁忌语

1. 电话常用语

（1）您好，××公司，请问有什么可以帮到您的？

（2）您好，我是××公司的××，请问您是××先生/小姐吗？

（3）您好，我是××，请帮我找一下××先生/小姐？谢谢！

（4）您现在方便接听电话吗？我要耽误您五分钟时间，可以吗？

（5）很抱歉，我拨错电话了。

（6）好的，请您稍等，我马上去叫他。

（7）请您稍等，请不要挂机，我马上为您……

（8）我需要点时间处理一下这个问题，稍后给您回电，您看可以吗？

（9）您是稍等两分钟，还是过一会儿我再给您打过去？

（10）麻烦您能大声些吗？我这边听不太清楚。

（11）对不起，这边有点吵，麻烦您再说一遍，好吗？

（12）对不起，您说得慢一点好吗？我听得不是很明白。

（13）对不起，请您讲普通话，好吗？谢谢！

（14）非常抱歉让您久等了。

（15）麻烦您转告××先生/小姐……。谢谢！

（16）请转告××先生/小姐回来后给我回个电话，好吗？我的电话号码是……。谢谢。

（17）不好意思，您要找的人不在，您过半个小时再打来，好吗？

（18）您要找的人不在，方便留下您的联系方式，我让他给您回电吗？

（19）好的，我一定转达，请您放心。

（20）请放心，我们一定会尽快处理问题，并且在第一时间给您回复，请耐心等待。谢谢！

（21）您所提的这个问题我会转至××部门的同事那里，让他给您做专业的解答，您看可以吗？

（22）请问还有什么可以帮到您的吗？

（23）感谢您的接听/感谢您的来电，祝您生活愉快，再见！

（24）欢迎您再次来电，再见！

2. 电话禁忌语

（1）喂。

（2）你是谁？

（3）你找谁？

(4) 你有什么事？

(5) 给我找一下××。

(6) 怎么打错了，不可能啊。

(7) 你等着。

(8) 知道了。

(9) 你电话是多少？

(10) 还有事吗？

(11) 他不在。

(12) 我不知道。

(13) 什么？再说一遍，听不清。

(14) 听不懂，讲普通话。

知识拓展

手机使用礼仪

手机是当今社会必备的通信工具，手机使用礼仪越来越受到社会的关注和重视。以下是手机使用礼仪。

1. 不随意借用他人的手机

手机除了通话功能，还有拍照、上网、购物等功能，它包含了许多的个人隐私。因此，非紧急情况不应随意借用他人的手机，若借用也应该在对方视线范围内使用。

2. 注意手机放置的位置

携带手机时，应将手机放在合适的位置，通常可放在随身携带的包里或上衣内侧的口袋里。在工作场合，切不可将手机别在腰间、挂在脖子上、抓在手中、放在裤子口袋里。

在与人交谈、就餐时，不应将手机放在桌上。

3. 使用手机不要制造噪声

在公共场合、工作场合，应将手机关机或调为振动、静音，响起铃声是极不礼貌的。接听电话应避开众人，控制音量，低声通话，尽量不打扰周围的人。

4. 使用手机应尊重他人

拨打对方手机时，应先询问对方是否方便接听电话，或者根据周围的声音来判断对方所处的环境，若对方不便应礼貌结束通话。

不应边看手机边与他人交谈、就餐，这是对对方的不重视，会让对方产生不悦。

未征得他人的同意，不可用手机为其拍照或摄像，更不可用手机偷拍他人。

选择文明、悦耳的手机铃声，以免让人尴尬、不悦，将手机铃声调到合适的音量，不宜过大，以免惊吓到他人。

5. 使用手机要注意安全

手机使用不当可能会引发事故，害人害己。驾驶车辆时不要使用手机，以免分心造成事故；乘坐飞机时自觉关机，以保证飞行安全；进入病房和加油站时不要使用手机，以免手机发出的信号干扰治疗仪器或引发火灾。

第五节 民航播音服务礼仪

民航播音服务主要包括候机楼广播服务和客舱广播服务，是旅客获取信息的重要途径，是航空公司或机场发布航班信息、特别公告、紧急通知等语言信息的重要手段，是航班飞行服务中发布相关信息的主要方式。

一、民航播音服务的礼仪要求

民航播音服务是通过声音来为旅客提供服务的，需要注意以下礼仪要求。

(1) 播音时要面带微笑，表情亲切。虽然旅客看不见播音员，但亲切的笑容可以使声音亲切悦耳，让旅客感受到温暖和友善。

(2) 吐字清晰，发音正确，准确传递信息。

(3) 音量适度、平稳。播音时要注意保持适度的音量，过大的音量会显得生硬、刺耳，过小的音量又会显得懒散、无力；同时要保持播音时音量的一致性，时大时小的音量会给人带来不舒适的听觉感受。

(4) 语速适度。播音时过快的语速会影响信息传递的清晰度，同时给人急躁的感觉。因此，播音时的语速相对应该缓慢一些，特别是一些重要信息，如航班号、时间、数字等，更应放慢速度，但一定要把握好度，否则会给人以拖拖拉拉、慵懒乏力的感觉。

(5) 语言灵活，语调生动。播音时应根据不同的播音内容来调整语音、语调，以传达不同的思想感情。例如，播放欢迎词时应热情友好，播放特殊情况时应镇定自信，播放常规信息时应自然平和。

(6) 严格执行播音语言规范，采用统一的专业术语，语句通顺易懂，避免混淆。

(7) 播音用语应以汉语和英语为主，同一内容应使用汉语普通话和英语对应播音。在需要其他民族语言或外语语种的情况下，可适当添加。

二、候机楼广播服务

候机楼广播是机场候机楼发布各类信息的重要途径，其服务质量的好坏将直接影响旅客乘机的效率及旅客对机场服务的满意程度。

为了规范候机楼广播服务，我国民航制定了《民用机场候机楼广播服务用语规范》

（MH/T 1001—1995），对民航机场候机楼广播用语的一般规定、类型划分和主要广播用语的格式做出了规范。

1. 候机楼广播用语的分类

候机楼广播用语分为三大类：航班信息类、例行类、临时类。
1）航班信息类
（1）出港类。
① 办理乘机手续类。
a. 开始办理乘机手续通知。
b. 推迟办理乘机手续通知。
c. 催促办理乘机手续通知。
d. 过站旅客办理乘机手续通知。
e. 候补旅客办理乘机手续通知。
② 登机类。
a. 正常登机通知。
b. 催促登机通知。
c. 过站旅客登机通知。
③ 航班延误取消类。
a. 航班延误通知。
b. 所有始发航班延误通知。
c. 航班取消通知（出港类）。
d. 不正常航班服务通知。
（2）进港类。
① 正常航班预告。
② 延误航班预告。
③ 航班取消通知（进港类）。
④ 航班到达通知。
⑤ 备降航班到达通知。
2）例行类
（1）须知。
（2）通告等。
3）临时类
（1）一般事件通知。
（2）紧急事件通知。

2. 航班信息类广播用语的格式规范

航班信息类广播是候机楼广播中最重要的部分，其用语要求表达准确、逻辑严密、主题清晰。所用格式应按以下要求执行。

（1）每种格式由不变要素和可变要素构成。其中，不变要素指格式中固定用法及其相互搭配的部分，它在每种格式中由固定文字组成。可变要素指格式中动态情况确定的部分，它在每种格式中由不同符号和符号内的文字组成。

① 表示在____处填入航站名称；

② 表示在____处填入航班号；

③ 表示在____处填入办理乘机手续柜台号、服务台号或问询台号；

④ 表示在____处填入登机口号；

⑤ 表示在____处填入二十四小时制小时时刻；

⑥ 表示在____处填入分钟时刻；

⑦ 表示在____处填入播音次数；

⑧ 表示在____处填入飞机机号；

⑨ 表示在____处填入电话号码；

⑩ 表示〔　〕中的内容可以选用，或跳过不用；

⑪ 表示需从〈　〉中的多个要素里选择一个，不同的要素用序号间隔。

（2）每种具体的广播用语的形成方法。根据对应格式，选择或确定其可变要素（如航班号、登机口号、飞机机号、电话号码、时间、延误原因、航班性质等）与不变要素共同组成具体的广播用语。

3. 航班信息类广播规范的格式内容

1）出港类

（1）办理乘机手续类。

① 开始办理乘机手续通知。

前往____①的旅客请注意：

您乘坐的〔补班〕⑩____②次航班现在开始办理乘机手续，请您到____③号柜台办理。

谢谢！

Ladies and gentlemen:

May I have your attention, please?

We are now ready for check-in for〔supplementary〕⑩ flight ____② to ____① at counter No. ____③.

Thank you.

---

② 推迟办理乘机手续通知。

乘坐〔补班〕⑩____②次航班前往____①的旅客请注意：

由于〈1. 本站天气不够飞行标准；2. 航路天气不够飞行标准；3. ____①天气不够飞行标准；4. 飞机调配原因；5. 飞机机械原因；6. 飞机在本站出现机械故障；7. 飞机在____①机场出现机械故障；8. 航行管制原因；9. ____①机场关闭；10. 通信原因〉⑪，本次航班不能按时办理乘机手续。〔预计推迟到____⑤点____⑥分办理。〕⑩请您在出发厅休息，等候通知。

谢谢！

Ladies and gentlemen：

May I have your attention, please?

Due to〈1. the poor weather condition at our airport；2. the poor weather condition over the air route；3. the poor weather condition at ____① airport；4. aircraft reallocation；5. the maintenance of the aircraft；6. the aircraft maintenance at our airport；7. the aircraft maintenance at the ____① airport；8. air traffic congestion；9. the close-down of ____① airport；10. communication trouble〉⑪, the〔supplementary〕⑩ flight ____② to ____① has been delayed. The check-in for this flight will be postponed〔to ____⑤：____⑥〕⑩. Please wait in the departure hall for further information.

Thank you.

③ 催促办理乘机手续通知。

前往____①的旅客请注意：

您乘坐的〔补班〕⑩____②次航班将在____⑤点____⑥分截止办理乘机手续。乘坐本次航班没有办理手续的旅客，请马上到____③号柜台办理。

谢谢！

Ladies and gentlemen：

May I have your attention, please?

Check-in for〔supplementary〕⑩ flight ____② to ____① will be closed at ____⑤：____⑥. Passengers who have not been checked in for this flight, please go to counter No. ____③ immediately.

Thank you.

④ 过站旅客办理乘机手续通知。

乘坐〔补班〕⑩____②次航班由____①经本站前往____①的旅客请注意：

请您持原登机牌到〔____③号〕⑩〈1. 柜台；2. 服务台；3. 问询台〉⑪换取过站登机牌。

谢谢！

Passengers taking〔supplementary〕⑩ flight ____② from ____① to ____①, attention, please：

Please go to the〈1. counter；2. service counter；3. information desk〉⑪〔No. ____③〕⑩to exchange your boarding pass for cross-station boarding.

Thank you.

⑤ 候补旅客办理乘机手续通知。

持〔补班〕⑩____②次航班候补票前往____①的旅客请注意：

请马上到____③号柜台办理乘机手续。

谢谢！

Ladies and gentlemen：

May I have your attention, please?

Stand-by passengers for〔supplementary〕⑩flight ____② to ____①, please go to counter No. ____③ for check-in.

Thank you.

（2）登机类。

① 正常登机通知。

〔由____①备降本站〕⑩前往____①的旅客请注意：

您乘坐的〔补班〕⑩____②次航班现在开始登机。请带好您的随身物品，出示登机牌，由____④号登机口上〔____⑧号〕⑩飞机。〔祝您旅途愉快。〕⑩

谢谢！

Ladies and gentlemen：

May I have your attention, please?

〔Supplementary〕⑩flight ____②〔alternated from ____①〕⑩ to ____① is now boarding. Would you please have your belongings and boarding pass ready and board the aircraft〔No. ____⑧〕⑩through gate No. ____④.〔We wish you a pleasant journey.〕⑩

Thank you.

② 催促登机通知。

〔由____①备降本站〕⑩前往____①的旅客请注意：

您乘坐的〔补班〕⑩____②次航班很快就要起飞了，还没有登机的旅客请马上由____④号登机口上〔____⑧号〕⑩飞机。〔这是〔补班〕⑩____②次航班〈1. 第____⑦次；2. 最后一次〉⑪登机广播。〕⑩

谢谢！

Ladies and gentlemen：

May I have your attention, please?

〔supplementary〕⑩ flight ____② to ____① 〔alternated from ____①〕⑩ will take off soon. Please be quick to board the aircraft 〔No. ____⑧〕⑩ through gate No. ____④. 〔This is the 〈1. ____⑦; 2. final〉⑪ call for boarding on 〔supplementary〕⑩ flight ____②.〕⑩

Thank you.

③ 过站旅客登机通知。

前往____①的旅客请注意：

您乘坐的〔补班〕⑩____②次航班现在开始登机，请过站旅客出示过站登机牌，由____④号登机口先上〔____⑧号〕⑩飞机。

谢谢！

Ladies and gentlemen：

May I have your attention, please?

〔Supplementary〕⑩ flight ____② to ____① is now ready for boarding. Passer-over passengers please show your passes and board 〔the aircraft No. ____⑧〕⑩ first through gate No. ____④.

Thank you.

（3）航班延误取消类。

① 航班延误通知。

〔由____①备降本站〕⑩前往____①的旅客请注意：

我们抱歉地通知，您乘坐的〔补班〕⑩____②次航班由于〈1. 本站天气不够飞行标准；2. 航路天气不够飞行标准；3. ____①天气不够飞行标准；4. 飞机调配原因；5. 飞机机械原因；6. 飞机在本站出现机械故障；7. 飞机在____①机场出现机械故障；8. 航行管制原因；9. ____①机场关闭；10. 通信原因〉⑪〈1. 不能按时起飞；2. 将继续延误；3. 现在不能从本站起飞〉⑪，起飞时间〈1. 待定；2. 推迟到____⑤点____⑥分〉⑪。在此我们深表歉意，请您在候机厅休息，等候通知。〔如果

您有什么要求，请与〔____③号〕⑩〈1. 不正常航班服务台；2. 服务台；3. 问询台〉⑪工作人员联系。〕⑩

　　谢谢！

Ladies and gentlemen：

　　May I have your attention, please?

　　We regret to announce that 〔supplementary〕⑩ flight ____② 〔alternated from ____①〕 to ____① 〈1. can not leave on schedule; 2. will be delayed to ____⑤ : ____⑥ ; 3. will be further delayed 〔to ____⑤ : ____⑥〕⑩ ; 4. can not take off now〉⑪ due to 〈1. the poor weather condition at out airport; 2. the poor weather condition over the air route; 3. the poor weather condition at ____① airport; 4. aircraft reallocation; 5. the maintenance of the aircraft; 6. the aircraft maintenance at our airport; 7. the aircraft maintenance at the ____① airport; 8. air traffic congestion; 9. the close-down of ____① airport; 10. communication trouble〉⑪. Would you please remain in the waiting hall and wait for further information? 〔If you have any problems or questions, please contact with the 〈1. irregular flight service counter; 2. service counter; 3. information desk〉⑪ 〔No. ____③〕⑩〕⑩.

　　Thank you.

② 所有始发航班延误通知。

各位旅客请注意：

　　我们抱歉地通知，由于〈1. 本站天气原因；2. 本站暂时关闭；3. 通信原因〉⑪，由本站始发的所有航班都〈1. 不能按时；2. 将延误到____⑤点____⑥分以后〉⑪起飞。在此我们深表歉意，请您在候机厅内休息，等候通知。

　　谢谢！

Ladies and gentlemen：

　　May I have your attention, please?

　　We regret to announce that all outbound flights 〈1. can not leave on schedule; 2. will be delayed to ____⑤ : ____⑥〉⑪ due to 〈1. the poor weather condition at our airport; 2. the temporary close-down of our airport; 3. communication trouble〉⑪. Would you please remain in the waiting hall and wait for further information?

　　Thank you.

③ 航班取消通知（出港类）。

〔由____①备降本站〕⑩前往____①的旅客请注意：

我们抱歉地通知，您乘坐的〔补班〕⑩____②次航班由于〈1. 本站天气不够飞行标准；2. 航路天气不够飞行标准；3. ____①天气不够飞行标准；4. 飞机调配原因；5. 飞机机械原因；6. 飞机在本站出现机械故障；7. 飞机在____①机场出现机械故障；8. 航行管制原因；9. ____①机场关闭；10. 通信原因〉决定取消今日飞行，〈1. 明日补班时间；2. 请您改乘〈1. 今日；2. 明日〉⑪〔补班〕⑩____②次航班〉⑪，起飞时间〈1. 待定；2. 为____⑤点____⑥分〉⑪。在此我们深表歉意。〔请您与〈1. 不正常航班服务台；2. 服务台；3. 问询台〉⑪工作人员联系，〔或拨打联系电话____⑨，〕⑩我们将为您妥善安排。〕⑩

谢谢！

Ladies and gentlemen：

May I have your attention, please?

We regret to announce that 〔supplementary〕⑩ flight ____② 〔alternated from ____①〕⑩ to ____① has been cancelled due to 〈1. the poor weather condition at our airport；2. the poor weather condition over the air route；3. the poor weather condition at ____① airport；4. aircraft reallocation；5. the maintenance of the aircraft；6. the aircraft maintenance at our airport；7. the aircraft maintenance at the ____① airport；8. air traffic congestion；9. the close-down of ____① airport；10. communication trouble〉⑪, decide to cancel today's flight, 〈1. this flight has been rescheduled；2. you will take 〈1. today's；2. tomorrow's〉⑪〔supplementary〕⑩ flight ____②〉⑪, the flight 〈1. to be determined；2. at ____⑤：____⑥〉⑪. 〔Would you please contact with 〈1. irregular flight service counter；2. service counter；3. information desk〉⑪〔No. ____③〕⑩, 〔or call ____⑨，〕⑩ we will make all necessary arrangements. 〕⑩

Thank you.

④ 不正常航班服务通知。

〔由____①备降本站〕⑩乘坐〔补班〕⑩____②次航班前往____①的旅客请注意：

请您到〈1. 服务台；2. 餐厅〉⑪凭〈1. 登机牌；2. 飞机票〉⑪领取〈1. 餐券；2. 餐盒；3. 饮料、点心〉⑪。

谢谢！

Passengers for 〔supplementary〕⑩ flight ____②〔alternated from ____①〕⑩ to ____①, attention, please?

Please go to ⟨1. servce counter；2. restaurant⟩⑪ to get ⟨1. a meal coupon；2. a meal box；3. the refreshments⟩⑪ and show your ⟨1. boarding passes；2. air-tickets⟩⑪ for identification.

Thank you.

2）进港类

（1）正常航班预告。

迎接旅客的各位请注意：

由____①〔、____①〕⑪飞来本站的〔补班〕⑪____②次航班将于____⑤点____⑥分到达。

谢谢！

Ladies and gentlemen：

May I have your attention, please?

〔Supplementary〕⑪ flight ____② from ____①〔, ____①〕⑪ will arrive here at ____⑤：____⑥.

Thank you.

（2）延误航班预告。

迎接旅客的各位请注意：

我们抱歉地通知，由____①〔、____①〕⑪飞来本站的〔补班〕⑪____②次航班由于⟨1. 本站天气不够飞行标准；2. 航路天气不够飞行标准；3. ____①天气不够飞行标准；4. 飞机调配原因；5. 飞机机械原因；6. 飞机在____①机场出现机械故障；7. 航行管制原因；8. ____①机场关闭；9. 通信原因⟩⑪ ⟨1. 不能按时到达；2. 将继续延误；3. 预计到达本站的时间为____⑤点____⑥分；4. 到达本站的时间待定⟩⑪。

谢谢！

Ladies and gentlemen：

May I have your attention, please?

We regret to announce that〔supplementary〕⑪ flight ____② from ____①〔, ____①〕⑪ ⟨1. can not arrive on schedule；2. will be delayed to ____⑤：____⑥；3. will be further delayed；4. to be determined⟩⑪ due to ⟨1. the poor weather condition at our airport；2. the poor weather condition over the air route；3. the poor weather condition at

____①airport; 4. aircraft reallocation; 5. the maintenance of the aircraft; 6. the aircraft maintenance at ____①airport; 7. air traffic congestion; 8. the close-down of ____① airport; 9. communication trouble〉⑪.

Thank you.

（3）航班取消通知（进港类）。

迎接旅客的各位请注意：

我们抱歉地通知，由____①〔、____①〕⑩飞来本站的〔补班〕⑩____②次航班由于〈1. 本站天气不够飞行标准；2. 航路天气不够飞行标准；3. ____①天气不够飞行标准；4. 飞机调配原因；5. 飞机机械原因；6. 飞机在____①机场出现机械故障；7. 航行管制原因；8. ____①机场关闭；9. 通信原因〉已经取消。〔〈1. 明天预计到达本站的时间为____⑤点____⑥分；2. 明天到达本站的时间待定〉⑪。〕⑩

谢谢！

Ladies and gentlemen：

May I have your attention，please?

We regret to announce that〔supplementary〕⑩flight ____②from ____①〔, ____①〕⑩ has been cancelled due to〈1. the poor weather condition at our airport; 2. the poor weather condition over the air route; 3. the poor weather condition at ____① airport; 4. aircraft reallocation; 5. the maintenance of the aircraft; 6. the aircraft maintenance at ____① airport; 7. air traffic congestion; 8. the close-down of ____① airport; 9. communication trouble〉⑪.〔This flight has been rescheduled to〈1. tomorrow at ____⑤: ____⑥; 2. arrive〉⑪.〕⑩

Thank you.

（4）航班到达通知。

迎接旅客的各位请注意：

由____①〔、____①〕⑩飞来本站的〔补班〕⑩____②次航班已经到达。

谢谢！

Ladies and gentlemen：

May I have your attention，please?

〔supplementary〕⑩flight ____②from ____①〔, ____①〕⑩is now landing.

Thank you.

（5）备降航班到达通知。

由____①备降本站前往____①的旅客请注意：

欢迎您来到____①机场。您乘坐的〔补班〕⑩____②次航班由于〈1. ____①天气不够飞行标准；2. 航路天气不够飞行标准；3. 飞机机械原因；4. 航行管制原因；5. ____①机场关闭〉⑪不能按时飞往____①机场，为了您的安全，飞机备降本站。〔请您在候机厅内休息，等候通知。如果您有什么要求，请与〔____③号〕⑩〈1. 不正常航班服务台；2. 服务台；3. 问询台〕⑪工作人员联系。〕⑩

谢谢！

Passengers taking〔supplementary〕⑩ flight ____⑧ from ____① to ____①, attention please：

Welcome to ____①airport. Due to〈1. the poor weather condition at ____① airport; 2. the poor weather condition over the air rout; 3. the maintenance of the aircraft; 4. air traffic congestion; 5. the close-down of ____①airport〉⑪, your flight has been diverted in our airport for your security.〔Would you please remain in the waiting hall and waiting for further information? If you have any problems or questions, please contact with the〈1. irregular flight service counter; 2. service counter; 3. information desk〉⑪〔No. ____③〕⑩〕⑩.

Thank you.

4. 例行类、临时类广播用语说明

（1）各机场根据具体情况组织例行类广播，并保持与中国民用航空总局等有关部门的规定一致。

（2）各机场根据实际情况安排临时类广播。当采用临时类广播来完成航班信息类播音中未能包含的特殊航班信息通知时，其用语应与相近内容的格式一致。

三、客舱广播服务

客舱广播是客舱服务的重要组成部分，是客舱服务人员与旅客进行沟通的主要方式。图 3-1 为空乘人员正在进行客舱广播。客舱广播质量的优劣是空中服务水平高低的重要判断标准，直接影响着旅客的乘机感受和客舱服务的品牌形象。

客舱广播大体可以分为服务和安全两大方面的内容：服务类广播主要是通过广播让旅客了解此次航班的飞行计划、实际执行状况及机上的一些服务项目等；安全类广播主要是正常的安全检查，在起飞和落地前都会广播提醒旅客及特殊情况、突发事件的应对等。不同航空公司的客舱广播词有所不同，另外，客舱广播词也会因服务内容、服务对象、航线情况、飞行状况等的不同而有所区别。下面介绍一些常见的客舱广播词。

图 3-1　空乘人员正在进行客舱广播

1. 欢迎词及安全提示广播

尊敬的女士们、先生们：

　　欢迎您乘坐____航空公司____次航班由____前往____（中途降落____），预计空中飞行时间是____小时____分，飞行高度是____米，飞行速度平均每小时____千米。

　　本次航班的机长____、乘务长____，以及全体机组成员将竭诚为您提供及时、周到的服务。

　　飞机很快就要起飞了，现在客舱乘务员将进行起飞前的安全确认。请您坐好，系好安全带，收起座椅靠背和小桌板，遮光板保持在打开状态。请您确认您的手提物品是否妥善安放在头顶上方的行李架内或座椅下方。

　　为了保障飞机导航系统的正常工作，在飞机起飞和下降过程中请不要使用手提电脑，在整个航程中请不要使用移动电话、遥控玩具等电子设备。

　　有吸烟习惯的旅客，我们提醒您：这是全程禁烟的航班，敬请谅解！

　　祝您旅途愉快！谢谢！

Ladies and gentleman：

　　Welcome aboard ____ Airline flight ____ to ____ (via ____). The distance between ____ and ____ is ____ kilometers. Our flight will take ____ hours and ____ minutes. We will be flying at an altitude of ____ meters and average speed is ____ kilometers per hour.

　　Captain Mr. ____, chief purser Ms. ____ and our team will be sincerely at your service.

　　We will take off immediately, please be seated, fasten your seatbelt, and make sure your seat back is straight up, your tray table is closed, sunshades is opened, and your carry-on items are surely stowed in the overhead bin or under the seat in front of you.

　　In order to ensure the normal operation of aircraft navigation and communication systems, passengers are not allowed to use mobile phones, remote controlled toys, and other electronic devices throughout the flight. The laptop computers are not allowed to use during take-off and landing.

This is a non-smoking flight, please do not smoke on board.

We hope you enjoy the flight. Thank you!

2. 安全演示广播

女士们、先生们：

现在客舱乘务员将为您介绍机上应急设备的使用方法及紧急出口的位置。

救生衣在您座椅下方（上方）的口袋里，仅供水上迫降时使用，在正常情况下请不要取出。使用时取出，经头部穿好，将带子由后向前扣好、系紧。

当您离开飞机时，拉动救生衣下部的红色充气手柄，但在客舱内不要充气。充气不足时，将救生衣上部的两个充气管拉出，用嘴向里充气。夜间迫降时，救生衣上的指示灯遇水会自动发亮。

氧气面罩储藏在您座椅上方。在出现紧急情况时，面罩会自动脱落。氧气面罩脱落后，请用力向下拉面罩，将面罩罩在口鼻处，把带子套在头上进行正常呼吸。在帮助别人之前，请自己先戴好。

在您座椅上有两条可以对扣的安全带。当"系好安全带"灯亮时，请系好安全带；解开时，将锁扣打开，拉出连接片。

本架飞机共有＿＿＿个紧急出口，分别位于客舱的前部、中部和后部。

在紧急情况下，客舱内所有的出口指示灯和通道指示灯会自动亮起，指引您从最近的出口撤离。

在您座椅前方的口袋里备有《安全须知》，请您尽早阅读。

谢谢！

Ladies and gentlemen:

We will now take a moment to explain how to use the onboard emergency equipments and locate the exits.

Your life vest is located (under/above) your seat. It can only be used in case of ditching. Please do not remove it unless instructed by your flight attendant. To put your vest on, simply slip it over your head, then fasten the buckles and pull the straps tightly around your waist.

Upon exiting the aircraft, pull the tabs down firmly to inflate your vest. Please do not inflate your vest while inside the cabin. For further inflation, simply blow into the mouth pieces on either side of your vest. For ditching at night, a sea-light will be illuminated automatically.

Your oxygen mask is above your head. It will drop down automatically in case of an emergency. When it does so, pull the mask firmly towards you to start the flow of oxygen. Place the mask over your nose and mouth and slip the elastic band over your head. Please put your own mask on before helping others.

When the fasten seatbelt sign is illuminated, please fasten your seatbelt. Simply place the metal tip into the buckle and tighten the strap. To release, just lift up the top of the buckle.

There are ____ emergency exits on this aircraft. They are located in the front, the middle and the rear of the cabin respectively.

In case of an emergency, exit indications and track lightings will illuminate to lead you to the nearest exit.

For additional information, please review the *Safety Instruction* in the seat pocket in front of you.

Thank you.

3. 起飞后飞行计划及服务广播

尊敬的女士们、先生们:

我们的飞机已经离开____前往____。沿着这条航线,我们飞经的省份有____,经过的主要城市有____,我们还将飞越____。在这段旅途中,我们为您准备了早(中、晚)餐。供餐时我们将广播通知您。

下面将向您介绍客舱设备的使用方法。

今天您乘坐的是____型飞机。您的座椅靠背可以调节,调节时请按座椅扶手上的按钮。

在您座椅的上方有阅读灯开关和呼叫按钮。如果您需要乘务员的帮助,请按呼唤铃。

在您座位上方还有空气调节设备,您如果需要新鲜空气,请转动通风口。

洗手间在飞机的前部和后部。当安全带指示灯亮时,洗手间暂停使用。请不要在洗手间内吸烟。

Ladies and gentlemen:

We have left ____ for ____ . Along this route, we will be flying over the provinces of ____, passing the cities of ____, and crossing over the ____ . Breakfast (Lunch, Supper) has been prepared for you. We will inform you before we serve it.

Now we are going to introduce to you the use of the cabin installations.

This is a ____ aircraft. The back of your seat can be adjusted by pressing the button on the arm of your chair.

The call button and reading light are above your head. Press the call button to summon a flight attendant. The ventilator is also above your head.

By adjusting the airflow knob, fresh air will flow in or be cut off.

Lavatories are located in the front of the cabin and in the rear. When the fasten seatbelt sign is illuminated, lavatories are closed. Please do not smoke in the lavatories.

4. 预计到达时间广播

女士们、先生们：

本次航班预计在北京时间____点____分（当地时间____点____分）到达____机场。当地的地面温度为摄氏____度，华氏____度。

谢谢！

Ladies and gentlemen：

We will be landing at ____ airport at ____ am/pm（the local time in ____ will be ____ am/pm）. The local temperature is ____ degrees Celsius, ____ degrees Fahrenheit.

Thank you.

5. 下降前安全检查广播

女士们、先生们：

我们的飞机已经开始下降。请您回到原位坐好，系好安全带，收起小桌板，将座椅靠背调整到正常位置，打开遮光板。所有个人电脑及电子设备必须处于关闭状态。请确认您的手提物品是否已妥善安放。为了您的安全，在飞机着陆及滑行期间请不要解开安全带或提拿行李物品。稍后，我们将调暗客舱灯光。

谢谢！

Ladies and gentlemen：

Our plane is descending now. Please be seated and fasten your seatbelt. Seat backs and tables should be returned to the upright position. Please help us by opening the sunshades. All personal computers and electronic devices should be turned off. And please make sure that your carry-on items are securely stowed. We kindly remind you that during landing and taxiing please keep your seatbelt fastened and do not open the overhead bins. We will be dimming the cabin lights for landing.

Thank you.

6. 飞机到达广播

女士们、先生们：

飞机已经降落在____机场，外面温度为摄氏____度，华氏____度。飞机正在滑行。为了您和他人的安全，请先不要站起来或打开行李架。等飞机完全停稳，系紧安全带指示灯熄灭后，请您再解开安全带，整理好手提物品准备下飞机。从行李架里取物品时，请注意安全。您交运的行李请到行李提取处领取。需要在本站转乘飞机到其他地方的旅客请到候机室中转柜台办理。

感谢您选择____航空公司航班！下次旅途再会！

Ladies and gentlemen：

Our plane is landed at airport. The local temperature is ____ degrees Celsius, ____ degrees

Fahrenheit. The plane is taxiing. For your safety, please stay in your seat for the time being. When the aircraft stops completely and the fasten seatbelt sign is turned off, please detach the seatbelt, take all your carry-on items and disembark. Please use caution when retrieving items from the overhead compartment. Your checked baggage can be claimed in the baggage claim area. The transit passengers please go to the transfer counter in the waiting hall to complete the procedures.

Thank you for selecting ____ Airlines for your travel today and we look forward to serving you again. Wish you a pleasant day.

7. 旅客下飞机广播

女士们、先生们：

本架飞机已经完全停稳，请您从前（中、后）登机门下飞机。

谢谢！

Ladies and gentlemen:

The plane has stopped completely. Please disembark from the front (middle, rear) entry door.

Thank you.

思考与练习

（1）服务语言的特点有哪些？

（2）民航服务语言基本要求中的"处处有礼"体现在哪些方面？

（3）民航服务工作中应如何正确使用称呼语？

（4）服务禁忌用语有哪些？

（5）服务工作中有效倾听的要求是什么？如何做到有效倾听？

（6）服务工作中的提问可以起到什么作用？

（7）服务工作中如何有效地拒绝客人？

（8）记录电话留言应记录哪些内容，有什么注意事项？

（9）挂断电话的顺序是什么？

（10）民航播音服务有哪些礼仪要求？

案例分析题

延误的航班

有一次，因为雷雨天气，航班延误了。一位旅客指着一位年轻的乘务员大声斥责道："我的急事被你们的飞机延误了，接下来的航班我也赶不上了，这个损失谁来负责？我要索赔！我要告你们！你们说不飞就不飞，太不尊重旅客了！如果没有急事谁会坐飞机？不就是图快吗？连这个都做不到，你们还能干什么？"

那位年轻的乘务员急得脸孔微微潮红，支支吾吾地解释说："先生……您误会了，不是我们……不想飞，是因为天气不好……"不容她说什么，这位旅客挥手示意她走开，那动作就像驱赶一只苍蝇。

这时候，另一位年长一些的乘务员走过来。那位旅客还在发着牢骚。乘务员微微倾身，保持良好的与旅客交流的45°角，耐心地倾听，并不急于插话。因为她知道，旅客有怒气，不发泄完心里就会不舒服。认真地倾听就是争取以一个同盟者的姿态，尽量使他感觉舒服。

乘务员的姿态使得旅客渐渐平静下来。接着，乘务员做了诚恳的道歉："先生，对此我表示十分真诚的歉意，飞机不能按时起飞给您造成了很多不便。但我们和您一样把安全放在了首位，现在航路上有雷雨，暂时不能起飞，一旦天气有所好转，我们会积极与机长联系，一有消息我就会马上通知您。我和您的心情其实是一样的，非常希望能够尽快起飞。"

这位旅客的脸色有所缓和，情绪也不再那么激动，他有点无奈地说："我只希望能够早些起飞。"然后就闭上了眼睛，再也不愿多说一句话了。

大概半个小时后，飞机还是无法正常起飞，乘务员将这个情况报告给了乘务长。乘务长拿了一杯水，并用热的湿毛巾折了一朵毛巾花，放在另一个一次性纸杯里，端了一个小托盘，来到那位旅客面前："先生，打扰您了，天气比较热，请喝杯水吧。这是毛巾，您擦擦手。"她亲切而温和地说道，言语温暖，不卑不亢。旅客把毛巾拿在手里，热乎乎的毛巾让他感觉很舒服也很意外。"先生，飞机暂时还不能起飞，但机长正在联络，也许很快就有消息。今天很多航班都延误了，也许您的下一班机也会延误。一会儿，飞机一落地，我就来接您，您第一个上飞机，我陪您一起去办手续，好吗？"

这番话让旅客觉得自己无法再抱怨了，因为乘务长已经竭尽所能为他考虑得很周到了，况且乘务长也决定不了飞机的起飞。于是，他说："好的，谢谢您！"并且微笑了一下。

请分析：乘务员们是如何巧妙地解决了旅客的不满的？其中的服务语言、服务态度、服务技巧有哪些是值得我们学习和借鉴的？

实训项目

（1）天气原因引起航班大面积延误，旅客出现不满情绪，不同的旅客有不同的表现，有些礼貌询问航班情况，有些脾气暴躁、态度恶劣，有些确有急事、十分着急，有些一味要求给予赔偿……以小组为单位，模拟面对不同旅客时应如何应用合适的民航服务语言进行应对。

实训要点：恰当地使用民航服务语言应对各类旅客。

（2）旅客陈小姐乘坐航班时带了一只宠物狗到值机柜台进行托运，工作人员询问后发现陈小姐的宠物狗并未开具相关的健康证明，无法接收。请模拟这一场景，组织合适的语言向陈小姐进行解释，采用恰当的方式进行拒绝。

（3）根据以下场景，拟写广播词并进行练习。

候机楼里一位6岁的小女孩在大声哭泣，持续了很长时间，她的妈妈在一旁不停地安慰她，也显得十分伤心。工作人员上前询问后得知，小女孩把她的玩具小兔子弄丢了，这个小兔子从小陪伴着这位小女孩，更为重要的是它是小女孩的爸爸送给她的，而她的爸爸在不久前因为车祸离开了她。工作人员帮忙在小女孩经过的地方认真寻找，都没有找到，猜测很可能是被其他旅客捡走了。

请编写简单的广播词，帮助这位小女孩寻找她心爱的小兔子。广播词拟稿要迅速，准确描述情况，语言恰当，使捡到的旅客不至于尴尬，同时要表示感谢之情。

（4）脱稿练习常用广播用语，面带微笑，做到自然流畅、亲切友好，注意语速、语调、音量。

（5）每两个人为一组，设计几个场景，进行拨打电话和接听电话的礼仪训练。

实训要点：接打电话的仪态、问候语的使用、拨错电话、电话找人、电话记录、请其等候、结束用语、挂断电话。

第四章　民航服务接访礼仪

学习目标

（1）掌握合适的称呼，能够正确使用称呼礼仪。
（2）掌握自我介绍和为他人做介绍的方式和顺序。
（3）熟悉各种见面礼礼节，学会正确的握手礼仪。
（4）掌握递接名片的动作规范和礼仪要求。
（5）了解接待和拜访的相关礼仪要求。
（6）掌握民航外事礼仪原则，掌握与外宾交流的技巧。
（7）了解各国礼仪风俗，能够在民航服务中加以运用。

第一节　见面礼仪

一、称呼礼仪

合理地称呼对方，既是对他人的尊重，又反映了自身的礼仪修养。

1. 常见的称呼方式

以下是目前国际惯用的几种称呼方式。

（1）泛尊称。这是最简单、最普遍也是面对陌生人最常用的称呼方式。女性称"女士"，男性称"先生"。在民航服务中面对旅客，使用的就是这种称呼。

（2）职业称。在不知道他人职务、职称等具体情况时可采用职业称呼，如"王医生""肖律师""李老师"等。在西方，对于一些受人尊重的职业，如律师、法官、医生，人们更愿意使用职业称。

（3）职务称。这种称呼方式是在较为正式的官方活动，如政府活动、公司活动、学术活动等活动中使用的，如"张主任""赵局长"等。

（4）技术职称。称技术职称，说明被称呼者是该领域内的权威人士或专家，表示他在这方面是被认可的，如"李总工程师""王会计师""曾教授"等。

（5）学术头衔。学术头衔如"李博士"等，这类称呼表示他们在专业技术方面的造诣很高。

（6）亲属称。亲属称如"李阿姨""刘爷爷"等，但商务场合一般不采用亲属称。

（7）姓名称。姓名称即直接称呼对方姓名。例如，某个人叫"陈小东"，叫全名多是在比较严肃的场合，"小东"一般是朋友或家人的叫法。单纯只使用姓名的称呼方式一般适用于双方年龄、身份相仿时，或者好朋友之间，否则，就应在姓名后加上职务、职业等并称才恰当。

2. 称呼禁忌

在与他人交往时，千万注意不要因称呼而冒犯对方的禁忌。一般而言，下列称呼在民航服务中都是不能采用的。

（1）缺少称呼。需要称呼他人时，如果根本不用任何称呼，或者代之以"喂""嘿""那边的"及具体代码，都是极不礼貌的。

（2）替代性称呼。替代性称呼即以非常规的代号代替正规性称呼的称呼。如医院里的护士喊床号"十一床"，服务行业称呼顾客几号、"下一个"等，这都是很不礼貌的行为。

（3）距离不当的称呼。在正式交往中，若是与仅有一面之缘者称兄道弟，或者称其为"朋友""老板"等，都是与对方距离不当的称呼表现。

（4）绰号性称呼。绰号性称呼如"长颈鹿""四眼"等。对与自己关系一般者，切勿擅自为对方起绰号，也不应以道听途说的绰号去称呼对方。尤其一些具有讽刺侮辱性质的绰号，更是严禁使用。

（5）易于误会的称呼。一些国内常用的称呼，一旦到了国外便会变味。例如，"同志"可能被理解为"同性恋者"，"爱人"可能被理解为"婚外恋者"，"小鬼"可能被理解为"妖魔鬼怪"等。此类称呼在对外交往中一般不宜采用。

3. 问候顺序

问候的顺序应是位低者先行，即地位低的人应主动向地位高的人打招呼，以表示尊重。问候一般采用"您好""早上好""下午好""晚上好""见到您很高兴"等用语。

案例 4-1　礼貌称呼带来成功

王欢是一名应届毕业生，刚毕业的她，每天奔波在找工作的路途中。一天，她接到了一个面试通知，应聘行政客服一职。她准时来到该公司参加面试。由于对这项工作的极度渴望，她在考官面前显得太过紧张，有些发挥失常了。就在她从考官眼中看出拒绝的意思而心灰意冷时，一位中年男士走进办公室和考官耳语了几句。在他离开时，王欢听到人事主管小声说了句"经理慢走"。王欢灵光一闪，赶忙起身，毕恭毕敬地对他说："经理您好，您慢走！"她看到了经理眼中的些许诧异，然后笑着对她点了点头。

第二天，王欢接到了录用通知，她顺利地进入了这家公司的客服部。后来主管告诉她，本来根据她那天的表现，是打算刷掉她的。但就是因为她对经理那句礼貌的称呼，让人事部门觉得她对行政客服工作还是能够胜任的，所以对她的印象有所改观，给了她这份工作。

二、介绍礼仪

"介绍是交际之桥"。介绍，是人际交往中与他人进行沟通、增进了解、建立联系的一种最基本、最常规的方式。介绍是社会交际活动的重要环节，是不熟悉的人们开始交往的起点。

介绍，就是向外人说明情况。从礼仪的角度讲，可以把介绍分为四类：第一类，自我介绍，也就是说明个人的情况；第二类，为他人做介绍，即由第三方出面为不相识的双方做介绍，说明情况；第三类，集体介绍，这是他人介绍的一种特殊形式，是指介绍者在为他人介绍时，被介绍者其中一方或者双方不止一个人的情况；第四类，业务介绍（本书中不做详细介绍）。

1. 做介绍时应注意的要点

（1）介绍的时机。介绍的时机包括做介绍的具体时间、具体地点、具体场合。

（2）介绍的主角。介绍的主角，即由谁出面来做介绍。一般都是由地位低的人首先向地位高的人说明情况。

（3）表达的方式。表达的方式，即介绍的时候需要说什么，应该如何说。

2. 自我介绍

自我介绍，就是在必要的社交场合把自己介绍给他人，以使他人认识自己。自我介绍实际上是一种自我推荐，是打开社会交往大门的一把钥匙，不仅能让人了解你，与你交友，还能让你有用武之地。学会自我介绍，是走向社会、成就事业的一门必修课。

1）自我介绍的时机

（1）主动型的自我介绍。主动型的自我介绍是指一个人在社交活动中，想要结识某个人或某些人而又无人引见时，自己充当自己的介绍人，把自己介绍给对方。例如，在应聘求职时、应试求学时、演讲发言前、在社交场合与不相识者相处时、前往陌生单位进行业务联系时、初次登门拜访他人时、利用社交媒介（如电话、传真、电子邮件等）与其他不相识者进行联络时主动介绍自己。

（2）被动型的自我介绍。被动型的自我介绍是指一个人有时会在一些特殊情况下，应其他人的要求，将本人的某些情况进行一番介绍。

2）自我介绍的形式

根据自我介绍在不同场合的不同内容，自我介绍有以下具体形式。

（1）应酬式自我介绍。其内容最为简洁，往往只包括姓名一项即可，如"您好！我叫陆曼"。在某些公共场合和一般性的社交场合，如旅行途中、宴会厅里、舞场之上、通电话时，都可以使用应酬式自我介绍。

（2）工作式自我介绍。其内容应包括姓名、工作单位、部门、职务这四项，通常缺一不可，如"我叫张悦，是中国××航空公司人事部经理"。工作式自我介绍主要适用于工作和公务交往中，以工作为自我介绍的重点，因工作而交际，因工作而交友。

（3）交流式自我介绍。交流式自我介绍也称社交式自我介绍，比较随意，是在非公务场合为了缩短人际距离，刻意寻求与交往对象进一步交流与沟通，希望交往对象认识自己，建立联系的自我介绍。在这种情况下，介绍的内容和切入的主题应视场合及交往对象的具体情况而定，尽量寻求双方的共同点。例如，"我叫江萧，现在在广州××国际机场安检护卫部工作，我是广州××学院11级的，我想咱们是校友，对吗？"

（4）礼仪式自我介绍。礼仪式自我介绍是一种对交往对象表示友好、尊敬的自我介绍，多发生在报告、仪式、典礼等正式场合。在这种自我介绍中，应多加入一些适当的谦辞敬语，以表示自己的谦恭尊重之意。

（5）问答式自我介绍。问答式自我介绍，即针对对方所提出的问题，相应地做出回答，满足对方想要了解的内容，常见于应聘时。

3）自我介绍的注意事项

（1）自我介绍的态度要自然、友善、亲切、随和，落落大方，笑容自然；自信和坦然，正视对方双眼，表情自然而庄重；语气自然、语速正常、吐字清晰；自我评价掌握分寸，不用"很""非常"等极端词。

（2）自我介绍可借助辅助工具，如名片。

（3）控制自我介绍的时长。自我介绍的内容要简短，一般公务场合自我介绍的时间应控制在30秒以内。

知识拓展

面试时自我介绍的内容组织

自我介绍是面试时的一个常见环节，如图4-1所示，通过自我介绍，招聘方可简要了解应聘者的个人情况，因此，好的自我介绍的内容对面试的成功起着重要的作用。

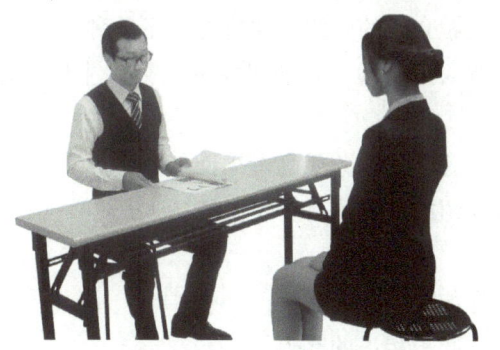

图4-1 面试时的自我介绍

首先，需要报出姓名和身份。虽然考官们完全可以从报名表、简历等材料中了解这些情况，但这是礼貌的需要，还可以加深考官对应聘者的印象。

其次，可以简单地介绍一下学历、工作经历等基本个人情况。这部分的陈述务必简明扼要、抓住要点。工作单位如果较多，选几个有代表性的或者你认为重要的介绍就可以了，这些内容一定要和面试及应考职位有关系。应注意叙述线索清晰，一个结构混乱、内容过长的开场白会给考官们留下杂乱无章、个性不清晰的印象。应聘者还要注意这部分内容应与个人简历、报名材料上的有关内容一致。

接下来，可由个人基本情况自然过渡到一两个自己学习或工作期间圆满完成的任务，以一两个例子来形象地、明晰地说明自己的经验与能力。例如，在学校担任学生干部时成功组织的活动；如何投入社会实践中，利用自己的专长为社会公众服务；自己在专业上取得的重要成绩及出色的学术成就。注意，不要过分强调学习成绩，应多强调自己完成工作的能力。

最后，可着重结合职业理想说明应聘这个职位的原因，这一点相当重要。应聘者可以谈对应聘单位或职务的认识，说明选择这个单位或职务的强烈愿望，还可以谈如果被录取，那么将怎样尽职尽责地工作，并不断根据需要完善和发展自己。

在组织自我介绍的内容时，应避免书面语言的严整与拘束，而使用灵活的口头语进行组织，多用短句子以便于口语表述，并且在段与段之间使用过渡句子。另外，口语也要注意思路、叙述语言的流畅，不要用过于随便的表述。

3. 为他人做介绍

为他人做介绍是指作为第三方的介绍人为不相识的双方引见、介绍的一种介绍方式。为他人做介绍，通常是双向的，即对被介绍的双方各自做一番介绍。有时，也进行单向的他人介绍，即只将被介绍者中某一方介绍给另一方。

这种介绍方式最大的特点是目的性很强，被介绍双方都明白介绍人想要帮助他们建立一种交流和沟通的渠道，故容易获得双方的配合。其缺点是被介绍人的主动性相对较差，比较被动，被介绍的内容也容易受到介绍人的局限。

1）介绍人的担任

在社交场合，为他人做介绍的介绍人通常有如下几种。

（1）专业人士。专业人士指的是企业机关的办公室主任、领导的秘书、前台接待、礼仪小姐、公关人员等。

（2）地位、身份较高者，如职务最高者出面做介绍。

（3）东道主或与被介绍的双方均有一定交情的人。

2）介绍的时机

为他人做介绍可选择如下的介绍时机。

（1）在家中，接待彼此不相识的客人。

（2）在办公地点，接待彼此不相识的来访者。

（3）与家人外出，路遇家人不相识的同事或朋友。

（4）陪同亲友前去拜会亲友不相识者。

（5）自己的接待对象遇见了其不相识的人，而对方又跟自己打了招呼。

（6）陪同上司、长者、来宾时，遇见了其不相识者，而对方又跟自己打了招呼。

（7）打算推介某人加入某交际圈。

（8）受到为他人做介绍的邀请。

3）介绍的顺序

在为他人做介绍时，谁先谁后，是一个比较敏感的礼仪问题。根据礼仪规范，在处理为他人做介绍的问题上，必须遵守尊者优先了解情况的基本原则。根据基本原则，为他人做介绍时常见的礼仪顺序如下。

（1）介绍年长者与年幼者认识时，应先介绍年幼者，后介绍年长者。

（2）介绍长辈与晚辈认识时，应先介绍晚辈，后介绍长辈。

（3）介绍老师与学生认识时，应先介绍学生，后介绍老师。

（4）介绍女士与男士认识时，应先介绍男士，后介绍女士。

（5）介绍已婚者与未婚者认识时，应先介绍未婚者，后介绍已婚者。

（6）介绍同事、朋友与家人认识时，应先介绍家人，后介绍同事、朋友。

（7）介绍来宾与主人认识时，应先介绍主人，后介绍来宾。

（8）介绍社交场合的先至者与后来者认识时，应先介绍后来者，后介绍先至者。

（9）介绍上级与下级认识时，应先介绍下级，后介绍上级。

（10）介绍职位、身份高者与职位、身份低者认识时，应先介绍职位、身份低者，后介绍职位、身份高者。

4）介绍的内容

为他人做介绍的内容，大体与自我介绍的内容相仿，可酌情在被介绍人的姓名、单位、职务三要素的基础上进行增减。如果时间充裕、气氛融洽，则可以进一步介绍双方的爱好、特长、学历、荣誉等，为双方提供更多可交谈的内容。

介绍的语言要规范，符合身份。较为正规的介绍，应使用敬语，如"李总，请允许我向您介绍一下，这位是张欣，我的助理"。较随便一些的介绍，可以这样说："王小姐，我来介绍一下，这位是秦岭先生。"

5）介绍的注意事项

作为第三方介绍他人相识时，要向双方打招呼，使双方有思想准备，不感到唐突，并充分了解双方是否有结识的愿望。

介绍过程中介绍者应大方得体，如图4-2所示，介绍者站于待介绍两者中间外侧位置，介绍甲方时，靠近甲方的手臂，手指并拢、手掌向上、手臂伸直，指尖指向甲方胸部位置；同时，上身微侧向乙方，面带微笑注视乙方，并介绍甲方情况。介绍乙方时亦然。被介绍的人要有所表示，可微笑、点头示意、握手或递送名片。

介绍人要实事求是，掌握分寸。避免过度赞扬某人，一般也不要开过分的玩笑、捉弄人。

图 4-2　为他人做介绍

4. 集体介绍

集体介绍的基本规则：介绍双方时，先卑后尊，而介绍其中每一方时，则应当自尊而卑；当被介绍者不止两方，而是多方时，顺序则不同，应是由尊至卑。

下面具体看一下该如何操作。

（1）当被介绍双方的身份、地位大致相似，或难以确定时，应使人数较少的一方礼让人数较多的一方，先介绍人数少的一方，后介绍人数多的一方。当被介绍双方的身份、地位存在明显差异时，仍应先将地位较低的一方介绍给地位较高的一方，即使其中一方只有一个人。

（2）当被介绍方人数较多，并且没有必要一一进行详细介绍时，可笼统介绍。例如，某教授到某国际机场进行礼仪讲座，讲台下面坐了几十位各部门的负责人，则只需介绍该教授，而台下的几十位听众就不需要逐一介绍，可简单介绍"这些是机场各一线岗位的部门负责人"。

（3）在介绍两个集体时，应先将地位低的一方介绍给地位高的一方。

在具体介绍其中一方时，应依照先尊后卑的顺序。例如，某航空公司客人一行，包括总经理、副总经理、总经理助理，应先介绍总经理，再介绍副总经理，最后介绍总经理助理。

三、见面礼

1. 握手礼

握手礼起源于原始社会。那时，在狩猎和部落间的纷争中，人们手上常拿着石块和棍棒等武器，外出遇见陌生人时，如果有友好的愿望，就放下手中的东西，伸出手让对方抚摸掌心，表示手中没有藏武器，以示友好。这种习俗沿袭下来，就成了今天世界通用的握手礼，如图 4-3 所示。在我国，握手礼不但在见面和告别时使用，而且能表达感谢、慰问、鼓励、祝贺的情感。恰当地握手，可以向对方表现自己的真诚与自信，也是接受别人和赢得信任的契机。

图 4-3　握手礼

1) 握手的时机

(1) 见面或者告别。例如，在比较正式的场合和认识的人道别时；遇到较长时间没见面的熟人时；自己作为东道主的社交场合，迎接或送别来访者时；拜访他人后，辞行时；被介绍给不认识的人时；在社交场合，偶然遇上亲朋故旧或上司时。

(2) 表示祝贺或者慰问。例如，表示感谢、恭喜、祝贺时；得知别人患病、失恋、失业、降职或遭受其他挫折时；向别人赠送礼品或颁发奖品时。

(3) 表示尊重与感谢。例如，针对别人给予的支持、鼓励或帮助，向别人表示理解、支持、肯定时。

2) 握手的方式

(1) 支配式握手，也称控制式握手，即以掌心向下或左下的姿势握住对方的手。在社交场合，双方社会地位悬殊较大时，地位高的一方采用这种方式与地位低的一方握手，以表达自己的优势、主动、傲慢或支配地位。

(2) 谦恭式握手，也称乞讨式握手、顺从式握手。它与支配式握手相反，是用掌心向上或左上的手势与对方握手。通常地位较低者表示对地位较高者的尊重、敬仰之意时采用这种方式。

(3) 对等式握手，即标准式握手。握手时双方伸出的手心都不约而同地朝着左方，这是标准、通用的表达友好情感的握手方式。

(4) 双握式握手，美国人称之为政客式握手。据说在历届美国总统竞选时，几乎所

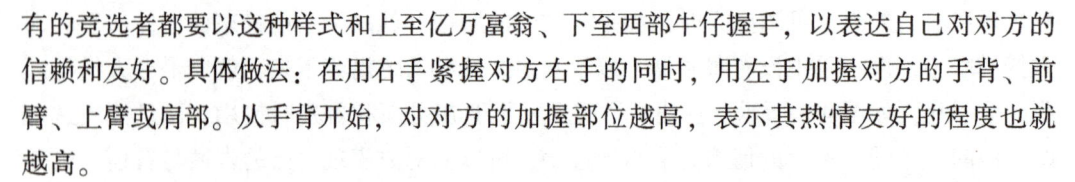

有的竞选者都要以这种样式和上至亿万富翁、下至西部牛仔握手,以表达自己对对方的信赖和友好。具体做法:在用右手紧握对方右手的同时,用左手加握对方的手背、前臂、上臂或肩部。从手背开始,对对方的加握部位越高,表示其热情友好的程度也就越高。

(5) 捏手指式握手,即握手时不是两手虎口相触对握,而是有意或无意地只捏住对方几个手指或手指尖。人们为了表达对女士或地位高的人的尊重,常采取这种方式。例如,某女王与人握手时,为了显示自己的尊贵,从不让对方完全握住她的手,总是把拇指明显地曲向下方。

(6) 拉臂式握手,即将对方的手拉到自己的身边相握,且相握的时间较长。采用这种方式通常有两种情况:一是当一个人已伸出手,对方却没有回应时,为应付尴尬局面,主动将对方的手拉过来,但这种方式是不太礼貌的,故应谨慎采用;二是当某人非常喜欢对方时的亲热举动,如祖辈常把孙辈的手拉到身边握着聊天。

3) 握手的顺序

一般规则是,地位高者先伸手,遵循尊者有优先选择权的规则。

(1) 握手时通常是长者、女士、职位高者、上级、老师先伸手,相应地,年轻者、男士、职位低者、下级、学生及时与之呼应。

(2) 接待客人,宾主双方之间握手时,伸手先后顺序的一般规则如下:客人到达时,主人先伸手,表示对客人的欢迎;送别客人时,客人先伸手,请主人留步。

(3) 在同多人握手时,遵循以下规则:第一,由尊而卑;第二,由近而远;第三,顺时针方向前进。

4) 握手的规范

(1) 握手的姿势。握手时,距离受礼者约一步,上身稍向前倾,两足立正;伸出右手,四指并拢,拇指张开,稍用力握住对方的手掌;双目注视对方,面带笑容,上身稍微前倾,头微低。男士与女士握手时,往往只握一下女士手指的部分。

(2) 握手的时间。握手的时间不要太短或太长,一般控制在 3~5 秒,不可一直握住别人的手不放,双方手一松开,目光即可转移。男士与女士握手的时间要稍短一些,用力要轻一些。如果遇见老朋友,为了表示自己的真诚和热烈,时间可稍长点,也可上下摇晃几下。

(3) 握手的力度。握手的力度要掌握好。握手时最佳的做法是要稍微用力。握得太轻了,对方会觉得你在敷衍他;太重了,则太过热情,可能会给对方造成不适。职业外交官的握手,一般强调握力在 2 千克左右最佳,也就是要稍微使点劲,以表示热情与友善。

(4) 握手时的寒暄。握手的同时要适当地寒暄。一言不发,说明自己不耐烦、不高兴。例如,第一次见面要说欢迎光临、久仰久仰或者问好。老朋友见面要问别来无恙,告别之时要祝一路平安。

寒暄要以表情进行配合。与人握手时，表情要自然、热情；同时双眼注视对方的双眼，千万不要东张西望，以免让对方感到非常尴尬和难堪，或有不被重视之感。

5) 握手的禁忌

(1) 忌伸出左手。英语文化圈中，右是上位，是好的位置；而左是下位，是不好的位置。

(2) 异性忌双握式握手。男士双手握住女士的手，令人尴尬，还有冒犯之嫌。

(3) 忌死鱼式握手。握手时没有力度，显得轻慢与冷淡。

(4) 忌心不在焉。握手时目光专注，以表示礼貌。

(5) 忌交叉握手。在国际交往中，交叉握手被视为大大的不吉利。

(6) 忌戴着手套和帽子握手。在握手前先脱下手套，摘下帽子，戴着手套或帽子握手是失礼行为。国际惯例，只有女士在社交场合戴着的薄纱手套可以不摘。

2. 鞠躬礼

鞠躬是表示对他人敬重的一种郑重礼节，是中国、日本、韩国、朝鲜等国家传统的、普遍使用的一种礼节，如图 4-4 所示。它起源于中国，是由中国传统礼节半跪礼、叩拜礼、万福礼等演变而来的，西方也有这种礼节。据说，在 16 世纪末，由于鼠疫流行，以拥抱、亲吻为主要见面礼的西方人怕传染上可怕的疾病，而代之以鞠躬致意、行屈膝礼或挥挥帽子打招呼。鞠躬礼现已成为国际交往中经常采用的礼节。

图 4-4 鞠躬礼

1) 鞠躬场合

现在，鞠躬成为一种比较常见的礼仪。在初见的朋友之间、熟人之间、主人客人之间、上级下级之间、晚辈长辈之间，为了表达对对方的尊重，都可行鞠躬礼。同时，鞠躬礼适用于庄严肃穆、喜庆欢乐的仪式场合。例如，领奖人上台领奖时，向授奖者及全体与会者鞠躬行礼；演员谢幕时，对观众的掌声常以鞠躬致谢；演讲者也用鞠躬来表示对听众的敬意；遇到客人或表示感谢时，可行鞠躬礼。

2）行鞠躬礼的基本要求

行鞠躬礼时，行礼者与受礼者相距 2 米左右。行礼时脱帽，呈立正姿势，并拢双脚，脸带笑容，目视受礼者，视线由对方脸上落至自己的脚前 1.5 米处（15°礼）、脚前 1 米处（30°礼）或脚前 0.5 米处（90°礼）。男性双手五指并拢放于身体两侧，女性左右手四指并拢、虎口交叉、右手在上与左右拇指相互重叠放于腹部。鞠躬时需伸直腰、脚跟靠拢、双脚尖处微微分开，目视对方。鞠躬时，身体上部向前倾 15°~90°，双手在上体前倾时自然下垂，然后恢复立正姿势，之后慢慢抬头直腰，注视对方。

3）鞠躬角度

行鞠躬礼时身体上部前倾 15°~90°，具体的前倾幅度视行礼者对受礼者的尊重程度而定。角度越大，表示越恭敬。

（1）15°左右用于一般性的应酬，如图 4-5 所示。例如，当与客人交错而过时，应面带笑容，行 15°鞠躬礼，以表示对客人的礼貌及打招呼。

（2）30°~45°，表示诚恳和歉意。例如，当迎接或相送客人时，可行 30°鞠躬礼，如图 4-6 所示；当感谢客人或初次见到客人时，可行 45°鞠躬礼以表示礼貌，如图 4-7 所示。

（3）90°是鞠躬礼中的最高礼节。例如，表示对受礼者的尊崇和敬仰，表示忏悔、改过和谢罪。

图 4-5　15°鞠躬礼 　　　　　图 4-6　30°鞠躬礼 　　　　　图 4-7　45°鞠躬礼

3. 拥抱礼

拥抱是缩短了距离的握手，人们在拥抱的同时，可以获得莫大的快感，感受到对方精神扶助的力量。拥抱礼是西方国家普遍使用的一种见面礼节，表达一种热烈、友好和亲密之意。在其他地区的一些国家，特别是现代的上层社会中，亦行此礼。

1）拥抱的场合

拥抱礼多行于官方或民间的迎送宾朋或祝贺致谢等场合。许多国家的涉外迎送仪式中，也多行此礼。

欧洲人不习惯与陌生人或初次交往的人行拥抱礼、亲吻礼、贴面礼等，所以初次与他们见面还是以握手礼为宜。在涉外交往中，世界上有许多国家和地区的人们见面时都不喜欢拥抱，如日本、英国、芬兰、东南亚等国的人。在阿拉伯国家，拥抱礼只适于同性之间。

2）拥抱礼的规范

拥抱礼如图4-8所示。拥抱的正确姿势：两人相对而立，间距约20厘米；右臂偏上，左臂偏下，右手扶在对方左后肩，左手扶在对方右后腰；按各自的方位，两人的头部及上身都向左相互拥抱，然后头部及上身向右拥抱，再次向左拥抱，礼毕。

4. 亲吻礼

亲吻是西方一种比较古老的礼仪，即使是现在，这种礼仪也非常流行和常见，因为亲吻能使人在身体激动、心情愉快中受益，有益于人们的身心健康。

1）亲吻部位

行亲吻礼时，往往与一定程度的拥抱相结合。一般经常使用的是吻脸礼和吻手礼两种。

不同身份的人，相互亲吻的部位也有所不同，因而所表达的含义和感情也不同。一般而言，平辈之间，宜贴面；长辈与晚辈之间，宜吻脸或额；夫妻、恋人或情人之间，宜吻唇。在公开场合，关系亲密的女子之间可吻脸，男女之间可贴面，晚辈对尊长可吻额，男子对尊贵的女子可吻其手指或手背。

图4-8 拥抱礼

2）吻手礼

吻手礼即男士亲吻女士的手背，是在西方社交场合，男士向已婚女士致敬的一种非常有礼的方式，如图4-9所示。正确的做法：在社交场合，男士走到女士面前，立正垂首致意，然后用双手或右手接住女士给他的手，轻轻抬起，并俯身弯腰，象征性地做一个吻的动作。只有当女士在男士面前做出准许的暗示，即她的右臂微微抬起时，才可行吻手礼。行吻手礼时，男士一定要稳重、自然，动作不能粗俗，姿势不可过分夸张。

3）贴面礼

在欧洲，见面打招呼时通常人们都会行贴面礼，但这也只对熟人或者虽不熟悉但感到亲切的人才使用。贴面礼常与拥抱礼一起使用，即双方互相用脸颊碰一下，通常从右脸颊开始，左右各碰一下。在西方国家，贴面礼既适用于同性之间也适用于异性之间，而在伊斯兰国家，则只限于同性之间使用。

图 4-9　吻手礼

在对外交往中，亲吻礼表达一种友好和和平。作为中国人，假若在社交场合被异性所吻，这是备受尊重的表现，不必大惊小怪。

5. 合十礼

合十礼即双手合十，又称合掌礼，属佛教礼节。在世界范围，如泰国、印度及东南亚一些信奉佛教的国家与地区通用合十礼。合十礼既能表达对受礼者的礼貌和尊敬，又是见面和分别时的问候与告别，同时也表达了最美好的祝愿。

行礼时，应双目注视对方，并面带微笑，两掌合拢于胸前，十指并拢向上，在胸前约 20 厘米处沓合，掌尖和鼻尖基本齐平，手掌向外倾斜，头略低，神情安详、严肃。

行合十礼时，合掌位置越高，表明受礼者越尊贵。在泰国，如果向泰国极受尊敬的僧侣行礼，首先需要双手合十，把手举至头顶，然后鞠躬行礼；如果向长辈行礼，比较标准的做法是双手合十，将手放于胸前，深鞠躬，让鼻子碰到中指；如果向同辈行礼，只需要双手合十，将手放在胸前就可以了。长辈是不用给晚辈行礼的。

6. 致意礼

致意是人们在社交场合表达敬意和问候的一种方式，是经常使用的一种见面礼节，常见的方式有微笑致意、举手致意、点头致意、欠身致意、脱帽致意。

在公共场合远距离遇到相识的人，一般是举右手打招呼并点头致意；与相识者在同一场合多次见面，只需点头致意即可；对一面之交的朋友或不相识者在社交场合均可点头或微笑致意。在社交场合遇见身份高的领导人，应恭敬地点头致意或欠身致意，无须主动上前握手问候。

在西方，男子戴礼帽时，还可施脱帽礼，即两人相遇可摘帽点头致意，离别时再戴上帽子。当与相遇者侧身而过时,从礼节上讲,也应回身说声"你好",同时用手将帽子掀一下。

> **知识拓展**

一些有趣的见面礼

当今世界,除上述国际通行的见面礼外,还有许多民间见面习俗。

(1) 我国台湾雅美族人欢迎宾客时,施行的是鼻尖相互摩擦的点鼻礼。

(2) 菲律宾少数民族的迎宾礼是与客人握手后,转身走几步,以示身后没有带武器。

(3) 尼泊尔山区的少数民族施行吐舌礼,以红舌头表示诚心诚意的欢迎。

(4) 坦桑尼亚人会客时,先拍自己的肚子,后鼓掌、握手。

(5) 中非一些黑人见面时,不与对方握手,而是用自己的左手握住右手挥动几次,代替握手。

(6) 喀麦隆西部的撒可尼拉人最隆重的见面礼是蛇环礼,即主人将一条活蛇首尾相连,做成蛇环套在客人脖子上。如果客人吓得弃蛇而逃,主人会大怒。客人走时,应将蛇环套回主人脖子上。

(7) 南美印第安人的见面礼俗是洗澡礼,即主人请客人跳进沙里去洗澡,次数越多表示越客气。

(8) 南美洲圭亚那东部的依那族十分好客,但其箭首礼让人胆战心惊。做客时,主人会在门前离客人几十步远处,朝客人连射四箭,箭从客人头上一二十厘米的空中飞过。

(9) 刚果河流域一带,朋友间的见面礼是互伸双手,弯下身去吹几口气。

四、名片礼仪

名片是现代人的自我介绍信和社交联谊卡,是社交场合自我介绍最简单的方式。在职场交往中,名片像一个人简单的履历表,递送名片的同时,也是在告诉对方自己的姓名、职务、地址、联络方式。名片是人脉管理中重要的资源。

1. 名片的制作

1) 名片的样式

目前我国通行的名片规格为9cm×5.5cm,在国际上较为流行的名片规格则为10cm×6cm。在通常情况下,名片采用标准的汉字简化字,如面对港澳台客人,则可使用繁体字。涉外交往中,可将汉字印一面,将外文印于另一面。

商务名片的颜色要淡雅,以浅白、浅黄、浅蓝、浅灰为好。

2）名片的种类

通常使用的名片分为私人名片和商务名片两种类型。私人名片也称应酬式名片，名片上可以只印名字，或者按照需要来定内容。

一张标准的商务名片应包括三个"三"。第一个"三"：归属，放在名片的上方，包括所在单位的全称、所在部门、企业标志（CIS）；第二个"三"：称谓，印在正中间，包括姓名、职务、行政职务和职称；第三个"三"：联络方式，印在名片的下方，包括地址、邮政编码、办公室电话，有时也印上电子邮箱、网址，但商务名片一般不提供家庭电话、私人联络方式。

2. 递送名片的礼仪

1）递送名片的时机

（1）初次相识，希望认识对方。当希望认识或者结交某人时，可以递上自己的名片，以便让对方更好地认识自己，跨出认识的第一步。

当初次拜访某人时，最好递上自己的名片，让对方更好地了解自己的信息，促进双方之间的交流。

此外，当有第三人引荐，被介绍给对方时，可以递上自己的名片。

（2）对方提议交换名片或对方向自己索要名片。当对方想认识自己时，出于礼貌，此时应该递上自己的名片。

（3）通知对方自己的变更情况。当自己的一些重要信息变更后，特别是公司信息、职位变换等，递上一张名片，可以让对方更好地了解。

2）递送名片的顺序

地位低的先向地位高的人递名片，男士先向女士递名片，当对方不止一人时应先将名片递给职务高者或年龄长者，如分不清职务高低、年龄大小，可先与自己左侧的人交换名片，然后按顺时针顺序进行交换。

3）递送名片的礼节

递送名片时应双手递，起身站立主动走向对方，面带微笑，注视对方，上体前倾15°左右，将名片放置手掌中，用拇指夹住，其余四指托住名片反面，名片正面朝上且文字内容正对对方，如图 4-10 所示。递送时可以说"我叫某某某，这是我的名片，请多关照"之类的客气话。自己的名字如有难读或特别读法的，在递送名片时不妨加以说明。

4）递送名片的注意事项

（1）不要把自己的名片和他人的名片或其他杂物混在一起，以免用时手忙脚乱或掏错名片。名片应从名片夹内抽出，名片夹最好放在上衣胸口的口袋中，若不方便可放在随身的公文包中，千万不要放在长裤口袋中。

（2）参加会议时，应该在会前或会后交换名片，不要在会中擅自与他人交换名片。无论是参加私人聚会还是商业餐宴，名片皆不可于用餐时发送，因为此时只宜从事社交而非商业性的活动。

(3) 不可使用破旧名片。

(4) 交换名片时如果名片用完，可用干净的纸代替，在上面写下个人资料。

图 4-10　递送名片

3. 接受名片的礼仪

(1) 态度谦和。应起身或欠身，面带微笑，用双手接住名片的下方两角，接过后应致谢，如图 4-11 所示。

图 4-11　接受名片

(2) 认真阅读。当面口述名片内容，以示尊重，可将对方的姓名及职衔念出，并抬头看看对方的脸，使对方产生一种受重视的满足感。若有不会读的字，应当场请教。

(3) 精心存放。如果有包，应把名片放进包里面，而不要拿在手里把玩；如果交换名片后需要坐下来交谈,则应将名片放在桌子上最显眼的位置,十几分钟后自然地放进名片夹,切忌用别的物品压住名片和在名片上做谈话笔记,离开时勿漏带。

(4)有来有往。接受他人的名片后,一般应当即刻回给对方一张自己的名片。如没有名片可交换,应向对方表示歉意、主动说明,并告知联系方式。例如,"很抱歉,我今天忘带名片了""对不起,今天我带的名片用完了,过几天我会寄一张给您"。

(5)主动联络。和对方分开时,要说明自己会好好保存对方的名片,以表示很愿意和对方长期交往。在24~48小时之内,与交换名片的朋友发短信或通电话,如"张先生,今天有幸与您一起进餐,与您相识,非常开心。"

4. 索取名片的技巧

(1)交换法。主动递上自己的名片。例如,"你好!这是我的名片,以后我们保持联系"。

(2)平等法。向平辈或晚辈索取名片。例如,"我们可互赠名片吗""很高兴认识你,不知能不能交换一下名片"。

(3)恭敬法。向地位高者、长辈索取名片。例如,"久仰大名,不知以后怎么向您请教""很高兴认识您!以后向您讨教,不知如何联系"。

五、交谈礼仪

交谈是表达思想感情的重要工具,是人际交往的主要手段。一个人的教养和为人在交谈中会自然流露出来,要想在合适的时机恰当地表现自己,拉近宾主间距离,必须掌握交谈中的一些基本规则和礼仪。

1. 交谈的原则

1)真诚坦率

态度诚恳、真诚热情往往可以拉近彼此之间的距离。交谈双方应认真对待交谈的主题,坦诚相见、直抒胸臆、明明白白地表达自己的观点和意见。"出自肺腑的语言才能触动别人的心弦",只有用自己的真情才能激起对方的感情共鸣,交谈才能取得满意的成果。

2)互相尊重

交谈是双方思想、感情的交流,是双向的活动,不要妄自尊大,忽略对方的存在。尽可能以对方为中心,尽量使用礼貌用语,如"请""您好""谢谢"等,谈到自己要谦虚,谈到对方要尊重。恰当使用敬语和自谦的语言,可以显示个人的修养、风度和礼貌,有助于交谈的成功。

2. 交谈的技巧

1)交谈的目光

个人的喜怒哀乐,是聪慧还是狡诈,是忠厚还是愚蠢,都能从目光中流露出来。所以在说话时,不可忽略目光的作用。用目光帮助自己表情达意,也可以通过对方的眼神了解其情绪和感觉。

在说话时,说话人眼睛应该看着对方,表现出诚意、专注,这是对他人的尊重。目光注视的范围因场合的不同要有所变化,有公务注视、社交注视和亲密注视之分。当民航服务人员面对客人时,目光应带着亲切友好的感情,注视的范围在以两眼为上限、以下颌为最低点的倒三角形区域内。

2)交谈的声音

美好的声音,包括合适的语音、语调和语气,能够改变一个人的谈吐方式,展示其良好形象。说话的声音要适度,也就是能让所有听你讲话的人听清楚,而又不干扰与此无关的人。

与旅客进行语言沟通时,应低声细语,温暖的声音会让旅客如沐春风;面对个别旅客的有意刁难或挑衅,感到不满意甚至气愤时,要先控制自己的情绪,不要高声大叫,以低沉的嗓音说出的话往往比大声叫喊更具震撼力。在客舱或候机室,为避免影响他人,谈话双方一定要压低声音。

3)交谈的语言

(1)语言方面,要求文明、准确。

作为有文化、有知识、有教养的现代民航人,在交谈中一定要使用文明优雅的语言,不说粗俗鄙陋的话。在说话时,态度要平和、自然,不过于激动,尽量控制自己的情绪。

在交谈中,语言必须准确,使用正确用语有利于彼此的顺利沟通。第一,发音要标准、清晰,音量适中;第二,语速要适中、匀速;第三,口气要谦和,显示出平等待人、亲切的态度;第四,内容要简明,少讲无意义的话;第五,讲普通话,少用方言土语,因为在交谈中采用对方听不懂的方言土语,会让对方产生被排斥、冷落之感。

(2)交谈中多使用礼貌用语。

交谈中多使用礼貌用语是博得他人好感与体谅的最为简单易行的做法。在民航服务中,要经常使用以下五个礼貌用语:问候语"您好",请示语"请",致谢语"谢谢",道歉语"对不起",道别语"再见"。

4)交谈的举止

为了表示诚恳的态度,举止一定要配合。民航服务人员的站姿要挺拔、坐姿要端正、走姿要稳健。在与坐着的乘客进行交谈时,如果采用站姿,需要身体微前倾,面向乘客,表示热情和专注。

在商务交往中,谈话时可以用适当的手势加强语气,帮助表达。谈话范围越小,手势的幅度就越小,频率不要过高,以免让人觉得心烦,影响注意力。注意控制手的小动作,不要用笔敲击桌子、笔记本,或像表演杂技一样把笔放在手指上不停地旋转。在谈话中,这些多余的动作会影响听者的注意力。

3. 交谈的话题

1）合适的话题

一般而言，交谈的话题多少可以不定，但话题少且集中则有助于交谈的顺利进行，话题过多、过散将会使交谈者无所适从。较好的话题应该是既定的、擅长的、高雅的、轻松时尚的。

（1）既定的话题，指双方约定好的或其中一方先准备好的话题。例如，求人帮助、征求意见、讨论问题等。一般而言，既定的话题适宜于正式交谈。

（2）擅长的话题，指交谈双方，尤其是交谈对象有研究、有兴趣、有可谈之处的话题，即以交谈对象为中心。例如，与医生交谈，宜谈健身祛病；与学者交谈，宜谈治学之道。

（3）高雅的话题，指有内涵，内容文明、优雅，格调高尚、脱俗的话题，如文学、艺术、哲学、历史、地理、建筑等。高雅的话题适用于各类交谈，但要求面对知音。

（4）轻松时尚的话题，指谈论起来令人轻松愉快、饶有兴趣的时尚性话题，如文艺演出、时尚流行、美容美发、电视电影、烹饪小吃、流行服饰、休闲娱乐、低碳生活等。轻松时尚的话题适用于非正式交谈，允许各抒己见、自由发挥。

2）禁忌的话题

以下五个话题不宜在交谈中出现。

（1）个人隐私。若双方是初交，则有关对方的年龄、收入、婚恋、家庭、健康、个人经历等一系列的有关个人隐私的话题切勿谈论。

（2）捉弄对方的话题。切不可对交谈对象尖酸刻薄、油腔滑调。不要挖苦对方，调侃取笑对方，让对方下不了台。"伤人之言，重于刀枪剑戟"，以这类捉弄人的话题展开的交谈定将损害双方的关系。

（3）非议旁人的话题。随意贬低他人、在背后谈论他人的短处，这不仅会让听的人感到尴尬，也自贬身份，是修养不高的表现。在商务场合，大谈其竞争对手如何不好，并不能使倾听者增加对谈论者的好感和信任，反而会让倾听者认为谈论者不够诚实，不是可靠的合作伙伴。

（4）倾向错误的话题。违反社会伦理道德、生活堕落、思想反动、政治错误、违法乱纪等一类的话题都应该避免。

（5）令人反感的话题。有时，在交谈中因为不慎，会谈及一些令交谈对象感到伤感、不快的话题，以及对方不感兴趣的话题。碰上这种情况，应立即转移话题，必要时要向对方道歉，千万不能将错就错，一意孤行。这类话题常见的有凶杀、惨案、灾祸、疾病、死亡、挫折、失败等。

4. 交谈的时间

交谈时要注意分寸，要多给对方说话的机会，以示礼貌和谦虚。如果发现双方的话题已经没有什么实质内容，而且双方都有倦怠感，那么适可而止、见好就收是明智的选择。这样不仅可使下次交谈还有话可说，而且会使每次交谈都令人回味无穷。

普通小场合的交谈，应以 30 分钟左右为宜，最长不超过 1 小时；交谈中一个人发言最好不超过 3 分钟，最长不要长于 5 分钟。

第二节　公务接待与拜访礼仪

公务接待与拜访是民航从业人员重要的公务活动，良好的接待与拜访礼仪能营造一种亲切、愉悦的氛围，体现自身的优秀素质，为企业形象增辉。

一、接待礼仪

1. 接待准备

1）了解来客情况

在对外往来中，对于重要来客，需要提前了解其工作背景、饮食习惯、信仰等情况，以免在接待过程中犯错误。

以饮食习惯为例。不同的人有不同的饮食习惯，如伊斯兰教信徒不吃猪肉和动物血液，信仰道教的人不吃牛肉等。

2）安排行程

首先，提前安排行程，并和来客协商好；其次，为来客准备出行提示、日程安排、酒店地图、参观游览提示等，让其觉得温馨、踏实、放心。

3）安排住宿

对于远道而来的客人，接待人员要安排住宿，需要注意三点。

（1）不宜选择过于偏僻的地方，否则会造成客人出行不便。

（2）提前查看酒店房间，检查房间的设施设备，观察酒店周边环境。

（3）了解客人的喜好及对房间的特殊要求。例如，接待伊斯兰教信仰者时，需摘掉房间内的人物肖像图。

4）安排接送

对于远道而来的客人，接待人员要安排接送，需注意以下内容。

（1）正确配置车辆。负责接送客人的车辆的规格应该与客人的职位相匹配，以体现对客人的尊重。

（2）正确安排座位。提前了解车辆的款式、型号、大小、座位设置等；及时与来访的客人进行沟通，正确安排座位，避免出现尴尬情况。

如图 4-12 所示，乘坐的车辆为小轿车时：若坐在驾驶位的是司机，则驾驶位对角线的位置是上座，驾驶位后面的位置是第二座位，副驾驶座是第四座位；若坐在驾驶位的是接待方的领导，则副驾驶座为上座。一般来说，应尽量安排足够的车辆，避免后排座位中间坐人。

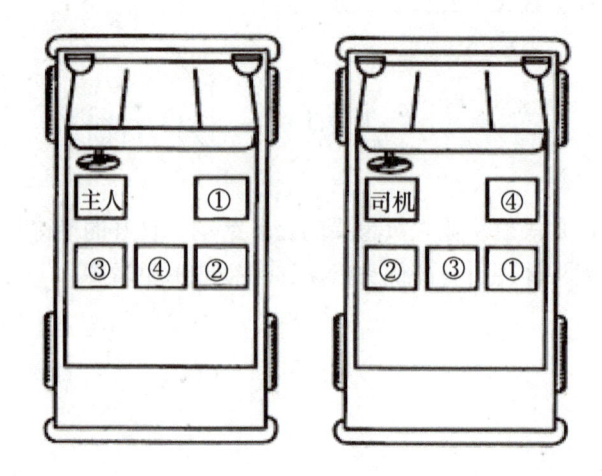

图 4-12　乘坐小轿车的座位安排

（3）引领客人上下车。为客人打开车门，引领客人上车；到达目的地后，快步为客人打开车门，在前引领客人。需要注意的是，在为客人开车门时，应左手开车门，右手上挡住门框（若客人为佛教信仰者，则开关车门时不能遮挡门框），关车门的动作要轻。

5）环境的准备

接待室布置要整洁、雅致，给来访客人留下良好的印象。窗户要明亮，桌椅要整洁，办公用品放置整齐有序；茶具、茶叶和饮料等要准备齐全；保持室内空气的清新，冬暖夏凉。

6）材料的准备

根据有关客人来访的目的或双方商定的会谈事宜，事先准备好需要的交流材料、资料、签约文件（具体数据、情况需提前核实），同时准备好如欢迎词、发言稿、答谢词文件等。

2. 迎客上门

1）迎客地点

迎接客人必须准确掌握来访客人所乘交通工具和抵达时间，并提前通知全体迎送人员和有关单位。对经常见面的客人，有关人员在双方见面的会客室静候即可。如果客人人数较多，主方可以安排几位公关接待人员在楼下入口处迎候。

迎接客人时，应在客人抵达前到达迎接地点，看到客人的车辆开来，接待人员要微笑致意。车停稳后，要快步上前，同客人一一握手、寒暄，表示欢迎。

2）接待"三声"

"三声"是指来有迎声、问有答声、去有送声。

（1）来有迎声，如"您好"。客人到访时，接待人员要主动、及时、得体地打招呼，如"×先生（女士），您好"。另外，还可以根据客人的职位选择称呼语。

（2）问有答声，如"好""行"。当客人问问题时，要及时、真诚、恰如其分地进行回答。如果所问的问题涉及公司机密、行业机密或个人隐私，就要引开客人的思路，或提出一个新的话题。

（3）去有送声，如"再见""欢迎再来"等，使用得体的送别语言。

3）接待"三到"

"三到"是指眼到、口到、意到。

（1）眼到：目中有人，用目光把客人迎进办公室。

（2）口到：说话要因人而异。客人到访时，要用文明、优雅的语言对其表示欢迎。

（3）意到：欢迎客人的心意要准确地表达到。接待人员要用愉悦的微笑来迎接客人。

3. 热忱待客

1）引导

（1）引导手势要优雅。如图4-13所示，引导人员的正确手势：当客人进来时首先行个鞠躬礼，伸出手时，眼睛要随着手动，很明确地告诉客人正确的方位；当开始走动时，手就要放下来，否则会碰到其他路过的人；等到必须转弯时，需要再次打个手势提醒客人。

图4-13 引导手势

（2）道路引领。接待人员需注意下列事项。

①走在客人的左前方大约1.5米处，以起到保护的作用。

②在引领过程中，要告知客人目的地，步伐适中，身体要侧转，伴有手势指示和语

言提醒，眼睛看向客人。

③在转弯处、楼梯口、电梯口要稍稍停一下，待客人跟上后再前行。遇到不起眼的台阶、地毯接缝处，提醒客人注意安全。

④行走过程中做到客人优先，遇到客人或领导，要侧身让其先走，并点头致意。

(3) 上下楼梯。上楼梯时，如图 4-14 所示，接待人员应让客人走在前面有扶手的一侧，并进行语言提示；下楼梯时，如图 4-15 所示，接待人员应让客人走在后面，自己在前提示并加以手势指引。也就是说，无论上楼梯，还是下楼梯，客人都是在高处、在上面的。

(4) 出入电梯。乘坐厢式电梯时，如果有人专门开电梯，就让客人先进、先出。如果没有人专门开电梯，当电梯来到后，接待人员需先进电梯，控制住电梯的开门按钮，等客人进去后再点击楼层按钮；电梯到达后，接待人员应先请客人出电梯，然后自己再出。

图 4-14　上楼梯引导 　　　　　图 4-15　下楼梯引导

(5) 出入房门。到达会客室的门口，要先向客人介绍这是什么地方，然后为客人开门。如果为内推门，接待人员向里推开后自己先进去，然后在门后拉住门，请客人进入；如果为外拉门，接待人员需要打开门并站在门后，请客人先进。

2）引见

接待人员将客人引见给办公室同事或领导时，应先以职位高至职位低的顺序介绍主方，把主方介绍完后再逐一按照同样的顺序介绍客方，如图 4-16 所示。

3）让座

接待人员在指引客人入座时，应注意座次的安排，如图 4-17 所示。

如果是相对式桌子的座次安排，依照国际惯例，右为上，客方在右侧；如果进门后对面是两个并排沙发，客方应坐在主方右侧；如果是其他摆设格局，离门远的座位为上，客方应坐在里面的位置。

图 4-16　引见

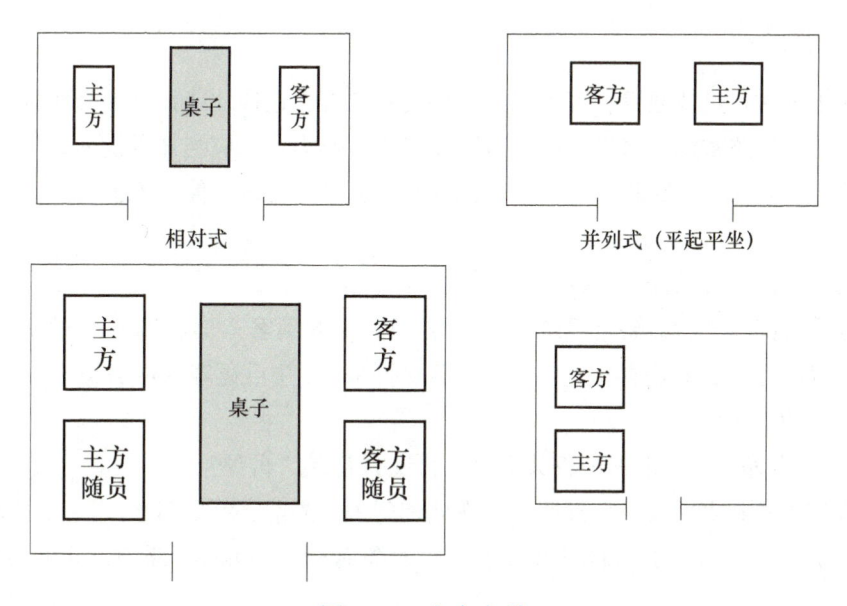

图 4-17　座次安排

4）上茶

一名优秀的接待人员，要学会用适宜的方法为客人奉茶，通过奉茶的礼仪展现个人乃至公司良好的专业素养。奉茶接待需要注意几个细节。

（1）如果有多种饮品可供客人选择，则需主动征求客人意愿。

（2）为客人沏茶之前，要先洗手，并洗净、消毒茶杯。

（3）要先给主宾和其同事奉茶，最后给自己公司的人员奉茶，以充分表现公司对客人的尊重。

（4）两杯以上要使用托盘端茶，用托盘递茶可以避免引起"右尊左辅"的传统说法造成的误会。

（5）不要用手抓住杯子的上端或杯缘，应在杯子下半段二分之一处，右手在上，左手在下托着茶杯，避免手指将杯口弄脏。

（6）茶要七分满，避免水溢出杯外。

（7）递茶时站在客人的右侧，右手拿着杯子的下端，左手托住杯子，同时说一句"打扰您一下"。

（8）放下茶后，搁茶杯方法即先将小拇指压在杯底再放杯，左手抽回，右手做出"请"的手势，同时说一句"请慢用"，然后退回。

（9）若茶桌为矮几，则需蹲下递茶。

（10）咖啡杯应先将汤匙、糖包、奶油球放置在杯碟上再端给客人，以免客人来回索取所需物品。

（11）在托盘内准备一张湿纸巾或干净的小毛巾，如果茶水溢出来可以尽快将其处理掉。

4. 礼貌送客

客人进来时要热情迎接，客人离开时要礼貌送客，这样才能让客人真正体会到宾至如归的感觉。按照常规，道别应由客人率先提出，作为主人应当加以挽留；当宾主双方向对方互道"再见""多多保重"之时，主人应当起身在前、伸手相握在后，最后应当相送一程。

1）送至大门口，目送客人离开再返回工作岗位

在客人告辞离开时，要起身将客人送至门口，等到客人即将离开时做最后一次鞠躬，同时说"谢谢，欢迎再次光临""欢迎您再来"，并目送客人的身影直至消失不见再返回自己的工作岗位。

2）送至电梯口，等电梯即将关上时，再次行礼道"再见"

当将客人送到电梯口时，接待人员在电梯门关上之前，都要对客人注目相送，等电梯即将关上的一刹那挥手示意或做最后一次的鞠躬礼，并说："谢谢，欢迎再次光临！再见！"

3）送至汽车旁，等汽车开走才可离开

如果将客人一直送到他的汽车旁，一定不要忘了在关车门的一刹那做最后一次鞠躬并说"谢谢，请注意行车安全"，然后目送汽车离开，直至看不见车影才可离开。

4）送别外地客人

协助外地客人办好返程手续。要准确掌握外地客人离开本地的时间，以及所乘交通工具的意向，为其预定好车票/船票/机票，尽早通知客人，使其做好返程准备。另外，最好由原接待人员将客人送至车站/码头/机场。如果因为特殊原因不能送行，应向客人解释清楚，并表示歉意。

送客的时间要严格掌握。送客的人到达的时间要恰当，既要给客人留出收拾东西、

打点行装的时间，又要留有充分的送别时间，以免误了行程。

二、拜访礼仪

公务拜访的基本原则是入乡随俗，客随主便。提前做好准备，拜访时言语得体、结束时善解人意，这样的拜访才可以称为成功的拜访。拜访礼仪是一个优秀的民航服务人员必须掌握的技能。

1. 拜访准备

1）事先约定

约定拜访的时间、地点和人物。事先打电话说明拜访的目的，根据对方的行程，约定拜访的具体日期和时刻，不要在对方刚上班、快下班、异常繁忙、正在开重要会议时去拜访，也不要在对方休息或用餐时去拜访，预计拜访所需的时间也需要与对方确认。此外，还应将己方前去拜访的人数、姓名、职务告知对方。这样，对方才能对会客室等做出合理的安排，并安排后续的日程。

2）行前确认

在拜访的前一天打电话加以确认是应有的礼节，对方很有可能为来访者的细心感到高兴。

3）资料准备

阅读拜访对象的个人和公司资料；准备好拜访时可能用到的资料；检查各项携带物是否齐备（诸如名片、笔和记录本、电话本、现金、计算器、公司和产品介绍、合同等）；明确谈话主题、思路和话语。

4）礼品准备

对于初次开始的公务活动，为体现对活动的重视和对对方的尊重，可赠送具有纪念意义的礼品。礼品不需要太贵重，如一些带有企业标志的名片夹、样品或产品模型、传统工艺品等。

公务拜访时，礼品宜在见面时赠送，要根据对象选择合适的礼品，选择既让对方满意，又符合公务场合的礼品。最后，一定要注意，不论礼品的价值如何，包装是重要环节，精美的包装不仅让礼品看起来美观大方，而且是对受礼者的最大尊重。

5）仪表准备

做客之前，要认真选择个人着装，越是正式的拜会就越要注意这一点。一般的商务活动要求着职业装，家庭拜访可以穿家常服，聚会可以按聚会要求着装。在通常情况下，拜访时的着装应当干净、整洁、高雅、庄重，过分轻佻、随便的服装是不宜穿着的。

2. 准时赴约

约定时间后，不能轻易失约或迟到。如因特殊情况不能去，一定要设法提前通知对方，并表示歉意，切不可临时改变约定。

出发前最好与对方通电话确认一下，以防临时发生变化；选好交通路线，算好时间出发；确保提前5~10分钟到达；到了对方办公大楼门前再整装一次。即使提前到达，也不要在被访公司溜达。

进入对方办公楼，面带微笑，向接待员说明身份、拜访对象和目的，从容地等待接待员将自己引到会客室。在会客室等候时，不要看无关的资料或在纸上涂画。接待员奉茶时，要表示谢意。等候超过15分钟，可向接待员询问有关情况，如受访者实在脱不开身，则留下自己的名片和相关资料，请接待员转告。

到办公室拜访时，如果办公室关着门，应先敲门，听到"请进"后再进入。进入办公室后等对方安排后坐下。若有后来的客人到达，先到的客人应该站起来，等待介绍或点头示意。

3. 拜访进行时

按照寒暄问候、自我介绍、握手、交换名片的顺序进入正题。会谈时应注意称呼、遣词用字、语速、语气、语调。当对方奉上茶水或咖啡时，应表示谢意。会谈过程中，如无急事，则不打电话或接电话。

拜访对方时，要记住非礼勿听、非礼勿视、非礼勿动。千万不要一看到对方与其他人交谈，耳朵就竖起来；未经对方允许，就私自翻阅客户资料，这种行为会令对方产生厌恶的情绪；不要触动对方的任何东西，包括电子产品，尤其是计算机，因为计算机中可能存有机密性的资料，而且很可能将其中的档案和程序弄乱。

4. 商务礼品

商务礼品是商务交往的一个重要内容，特别是对初次开始的公务活动，为体现对活动的重视和对对方的尊重与感激，见面时赠送具有纪念意义的礼品会让拜访更加融洽，双方的合作关系得到进一步增强。

选择礼品时需要考虑以下因素。

（1）送给谁。这是准备礼品首先要想到的问题。送礼要考虑受礼者的身份、年龄、性别、职务、兴趣爱好，并据此仔细挑选适合对方的礼物。

（2）送什么。选择的礼品应既让对方满意，又符合公务场合；既符合风俗习惯，又能够有独特效果；既不违反国家规定，又不失礼仪风范；既有意义，又时尚实用。

选择的礼品要价钱合理，轻重得当，既能为送礼者接受，也不会给受礼者带来心理负担。能够满足客户日常工作需要的礼品是最好的。办公用品作为商务礼品较为合适，可选择钢笔、日记本、日历、公文包、文件夹、通讯录等办公用品及办公桌装饰品。另外，新潮风行的礼品非常容易受到受礼者的青睐。

（3）什么时间送。公务拜访时，礼品宜在见面时送；公务接待时，礼品宜在临别时送。在一些重大节日，如中秋、国庆、元旦、春节，可适当送礼，通过良好的祝愿以发展彼此的业务关系。

（4）如何送。礼品一般由职位高的人士出面向对方赠送。

5. 适时请辞

拜访时还要注意控制拜访时间，根据对方的反应和态度来确定告辞的时间和时机，不要逗留太久。一般性的拜访通常以 20～30 分钟为宜。如果是初次造访，时间应控制在 15 分钟左右。说完告辞就应起身离开座位，不要久说或久坐不走。如果拜访时间过长，则可能会耽误对方的其他事情，所以要控制好时间。

6. 礼貌告辞

拜访结束，和对方握手告辞，并感谢对方的接待，真心诚意地跟对方说："感谢你们！感谢你们今天的招待！耽误你们的时间了！"告辞时，同主人和其他客人一一告别，说"谢谢""再见"。

离开时，如办公室门原来是关闭的，出门后应轻轻把门关上。对方如要相送，应礼貌地请对方留步。

第三节　民航外事礼仪

民航不仅是世界各国人民交往的一个通道，而且是国际文化交流的重要工具和手段。民航是关系到国家形象的窗口，许多外国友人首先是通过接触中国的民航人、感受中国民航的服务来认识中国和中国文化的。

一、民航外事礼仪原则

1. 维护国家形象

参与涉外活动时，每一位民航人都必须特别关注自身形象维护的问题。这是因为每一位民航人的个人形象、一言一行，都代表着中华民族形象与中华人民共和国形象。若是对自我形象毫不修饰，服务礼仪不到位，不但有失对客人的尊重，而且亦属于失礼行为，严重的会损害国家形象。

在涉外活动维护形象的过程中，首先，民航服务人员应从维护好自身形象着手，务必注意修饰仪表，检点举止，使自己形象上乘、仪表堂堂、落落大方，不可蓬头垢面、不修边幅。其次，恪尽职守、训练有素，与外国人交往应酬时，民航服务人员应得体地表现出自己良好的业务素养与高尚的职业道德。最后，民航服务人员有责任、有义务自觉地在涉外交往中维护中国政府的形象，行动上与政府始终保持一致。

2. 坚持不卑不亢

在与外宾交往的过程中，一言一行都事关国格、人格，因此不卑不亢是非常重要的原则。民航服务人员在涉外交往中，应当有意识地表现得从容不迫、堂堂正正，既充满自信、讲究自尊，又善待他人、尊重对方。

所谓不卑不亢，实际上就是要注意表现自然、待人真诚，既不畏惧自卑、卑躬屈膝，也不狂妄自大、嚣张放肆。民航服务人员只有在涉外交往中表现得不卑不亢，才有可能使国格、人格真正得以维护。

具体而言，民航服务人员在涉外交往中需要做到不卑不亢，应主要表现为尊重自己、尊重他人。

（1）尊重自己。在涉外交往中，民航服务人员要以实际行动来尊重自己，即应以自尊、自爱、自信为基础，在外国人面前表现得豁达开朗、乐观坦诚、从容不迫、落落大方、理直气壮、气宇轩昂。要谨慎，但又不拘谨；要主动，但又不盲动；要自我约束，但又不手足无措、畏首畏尾。在任何情况下，都要坚持自立、自强。

（2）尊重他人。民航服务人员在涉外交往中坚持自尊的同时，必须注意尊重他人，即尊重一切平等待我的外国友人。在涉外交往中，尊重外国友人主要应当表现为以礼待人、平等待人、友善待人，尊重对方的风俗习惯，虚心学习对方的一切长处。切忌傲慢自大、盛气凌人、自以为是、目空一切、唯我独尊。

3. 求同存异

求同存异是指在涉外交往中，为减少麻烦、避免误会，既要对交往对象所在国的礼仪、习俗有所了解，予以尊重，又要对国际上通行的礼仪惯例认真遵守。

"求同"就是遵守惯例，重视礼仪的"共性"，取得共识、便于沟通、避免周折；"存异"就是注意"个性"，了解具体交往对象的礼仪、习俗、禁忌，并予以尊重。

东西方文化差异很大，这种文化差异对东西方人的思想、观念、行为习惯等产生了较大的影响。西方文化主要指欧美的英国、美国、加拿大，以及大洋洲的澳大利亚、新西兰等国家的文化。虽然这些国家在风俗习惯上略有不同，但由于人们的宗教信仰、价值观念、行为习惯、风俗礼仪、意识形态等大致相同，因此具备许多一脉相承的文化背景。

1）家族为本与个人为本

中国人一向有很强的家族观念，很多人际关系都是家族关系或是这种关系的延伸。在西方社会，个人本位的观念占据主导地位，信奉每个人都是独立的，个人的权利任何人不得侵犯。

2）重视身份与追求平等

西方社会的阶级、阶层的对立差别是客观存在的，不同身份的人有不同的社交圈子，但在日常交际生活中，每个人都重视自己的尊严，不喜欢打听别人的身份，一些带有浓重等级色彩的礼仪形式越来越不受欢迎了。

3）谦卑含蓄与情感外露

中国人历来视谦虚为美德，"满招损，谦受益"被视为千古不变的规训。因此，在交际生活中，中国人很少夸夸其谈，还很善于控制自己的情感，不轻易外露。中国人在交际中自贬的东方式谦虚，西方人往往难以理解，甚至产生不必要的误会。同时，西方人大多性格豪爽、感情热烈，拥抱礼、亲吻礼这些礼仪形式都淋漓尽致地表现了西方各民族的性格特征和文化。

在涉外交往中应实事求是，不过谦，不狂妄。以宴请为例，中国人请客，即使是相当丰盛的一桌菜，主人也会对客人说："今天没什么好菜，请随便吃点。"西方人则相反，不管饭菜质量如何，主人都要自我夸赞"这是本地最好的饭店""这是我的拿手好菜"，目的在于表示诚意。同样，中国人去做客经常客气有余，主人问客人是否再添饭，客人说不用不用，实际上也许并未吃饱；西方人作为宾客赴宴，说不吃不喝时则是真的不需要了，绝不是客气。所以，在国际交往中，客气与谦虚都不能过分。

只有了解了东西方礼仪在表达形式方面的不同，并尊重对方的文化习俗，才能更好地相处。

4. 入乡随俗

无论出国或在国内接触外宾，必须充分了解服务对象的风俗习惯和礼节，无条件地加以尊重，不可少见多怪、妄加非议。"入乡随俗"是涉外礼仪的基本原则之一，它的含义是在涉外交往中，要真正做到尊重交往对象就必须尊重对方所独有的风俗习惯。

由于不同国家的社会制度差异，文化习俗有别，思维方式与理解角度也往往差别较大，形成各自不同的宗教、语言文化、风俗和习惯，这是客观存在的。如果在涉外交往中注意尊重外国友人所特有的习俗，则可增进中外双方的理解和沟通，有助于更好地、恰如其分地向外国友人表达我方的亲善友好之意。

5. 信守约定

在国际社会中，人们十分重视交往对象的信誉，讲究"言必信，行必果"。信守约定，就是与此相关的一条重要的国际惯例。它的含义为：在国际交往中，人们必须严肃而认真地遵守自己所有的正式承诺，说话必须算数，许诺必须兑现，约会必须如约而至。在一切与时间有关的约定中，必须一丝不苟。唯有如此，方能取信于人。信守约定，对民航人而言，需要从以下三个方面身体力行，严格要求自己。

（1）慎重许诺。在涉外交往中，对外方人士所做出的所有正式承诺必须量力而行、谨慎许诺，切勿信口开河、草率许诺。

（2）严守约定。在国际社会中，信用就是形象，信用就是生命。民航人在涉外交往中一定要努力恪守约定、兑现承诺、如约而行。

（3）失约有因。如果由于难以抗拒的因素，致使自己单方面失约，或是有约难行，需要尽早向有关各方进行通报，如实解释，并且要郑重其事地致以歉意，主动地承担按照规定和惯例而给各方造成的某些物质方面的损失。

6. 热情有度

直接同外国人进行交际应酬时，务必做到热情有度，即对待对方既要表现得热情友好，又要把握好热情友好的分寸。切勿使自己的热情友好超出了对方所能接受的界限，而令对方感到不快，甚至给对方平添了麻烦。

把握好热情有度中的"度"，具体体现在下列四个方面。

（1）关心有度。外国人大多崇尚个性独立、以我为尊、绝对自由。因此，外国人一般都不希望别人对自己过于关心，否则便会视之为碍手碍脚、多管闲事。

外国人所注重的关心有度之中的"度"，实际上就是其个人自由。一旦他人的关心有碍其个人自由，即被视为"过度"之举。

（2）批评有度。各国习俗不同，对同一个事物的判断便大相径庭，所以在涉外活动中没有必要对外国人的所作所为妄加评判，或当面指出其对错。只要对方的所作所为不危及人身安全，不触犯法律，不有悖伦理道德，不有辱我方的国格、人格，一般均可听其自便。批评有度，简单地讲，就是不提倡对外国人"犯颜直谏"，亦即对其日常行为不予纠正。

（3）交往有度。由其强调个人自由所决定，外国人大多认为"君子之交淡如水"，不习惯与交往对象走动过勤、过多。在涉及钱财时，尤其讲究划清界限，即便家人、至交也概莫能外。这便是其所谓交往有度之中的"度"。

（4）举止有度。在涉外交往中，不要随便采用某些意在显示热情的动作，应与外国友人保持适当的身体距离。

7. 尊重隐私

所谓尊重隐私，主要是提倡在国际交往中主动尊重每一位交往对象的个人隐私，不询问其个人秘密，不打探其不愿公开的私人事宜。目前，在国际社会中，尊重隐私与否，已被公认为一个人在待人接物方面有无个人教养的基本标志。在涉外交往中，尊重隐私实际上具体表现为交谈中的"八不问"。

（1）不问收入支出。收入与支出问题，实际上与个人的能力相关，并事关个人尊严。交谈内容一旦涉及此点，便让交谈之人没有平等与尊严可言。

（2）不问年龄大小。在国际社会中，人们普遍将本人的年龄视为"核心机密"，并且讳言年老。

（3）不问恋爱婚姻。谈论婚恋问题，在国外不仅被视为无聊，而且还有可能被视为有意令人难堪，或是对交谈对象进行"性骚扰"。

（4）不问身体健康。每个人的身体状况与健康状况均为其立足于社会的重要"资本"，所以轻易不应将其实情告之于人。

（5）不问家庭住址。家庭被外国人看作私人领地，因此对外绝不公开。即使私宅的电话号码，也通常不会对外界公开。

（6）不问个人经历。外国人主张"英雄莫问出处"，反之则往往被看作居心不良或少调失教。

(7) 不问信仰政见。在国际社会中，国与国、人与人之间都提倡"超意识形态合作"，所以对交往对象的信仰、政见不应冒昧地打探。

(8) 不问所忙何事。"所忙何事"，在外国人心中绝对属于个人自由。向其询问此点，肯定会被视为"没话找话"。

8. 女士优先

女士优先，是国际社会尤其是西方国家中所通行的交际惯例之一。它是指在一切社交场合中，每一名有教养的成年男子都要积极主动地用实际行动去表示自己对妇女的尊敬之意，并应想方设法在具体行动上为妇女排忧解难。在社交场合遵从女士第一的原则，可以显示男子气质与绅士风度。

在社交场合，"女士优先"主要应在下列方面得以表现。

（1）尊重女性。与女性交谈时，一律要使用尊称。涉及具体内容时，谈话亦不应令在场的女性难堪。排定礼仪序列时，应将女性列在男性之前。在社交聚会场合，男士看到女士进门，应起身以示礼貌；当客人见到男女主人时，应先与女主人打招呼。

（2）照顾女性。在一切社交活动中，男性均应细心地照顾女性。就座时，应请其选择上座；用餐时，应优先考虑其口味。乘坐计程车或其他轿车时，应让女士先上车；下车一般是男士先下，然后照顾女士下车。就餐时，进入餐厅入座的顺序是，侍者引道，女士随后，男士"压阵"。一旦坐下，女士就不必再起身与他人打招呼，而男士则需起身与他人打招呼。点菜时，应先把菜单递给女士。

（3）关心女性。外出之际，男士要为女士携带重物；出入房间时，男士要为女士开门、关门；在女士面前，任何时候都不允许男士吸烟。

（4）保护女性。在一切艰难、危险的条件下，男性均应竭尽全力保护女性。通过危险路段时，男士应走在前列；在公路上行走时，男士则应行走于外侧；不能并行时，男士应让女士先行一步；任何危险之事，男士均应主动承担；在开门、下车、上楼、进入无人领路的场所、遇到障碍和危险时，男士应走在女士前面。

作为女性，对于他人的礼让和关心，不必忸怩作态，也不必过分腼腆与羞怯，可以自然大方而愉快地接受。同时，还应微笑地对他人的尊重表示感谢，不可表现出理所当然、受之无愧的样子。

9. 爱护环境

爱护环境是世界各国人民的共同义务和责任。在日常生活里，每个人都有义务对人类所赖以生存的环境，自觉地加以爱惜和爱护。具体而言，中国人在涉外交往中特别需要注意以下方面：不可损毁自然环境；不可虐待动物；不可损坏公物；不可随地吐痰；不可随意吸烟；不可任意制造噪声；不可挥霍能源。

二、主要客源国礼仪风俗

1. 美国

美国是一个多民族的移民国家，经过 200 余年各民族的相融与兼收并蓄，在习俗和礼节方面，形成了以欧洲移民传统习惯为主的特色。

1）见面礼仪

美国人与客人见面时，一般都以握手为礼。但第一次见面不一定行握手礼，有时只是笑一笑，说一声"Hi"或"Hello"就算有礼了。行握手礼时，他们习惯手要握得紧，眼要正视对方，微弓身，认为这样才算是礼貌的举止。一般同女性握手时美国人都较为斯文。另外一种礼节是亲吻礼，这是在彼此很熟悉的情况下的一种礼节。在告别时，只是向大家挥挥手或者说声"再见""明天见"。

2）餐饮礼仪

美国人在饮食上如同他们的脾气秉性一样，一般都比较随便，没有过多的讲究。但目前他们已越来越重视食品的营养，吃肉的人渐渐少了，海味及蔬菜越来越受他们的青睐。他们喜欢"生""冷""淡"："生"是爱吃生菜；"冷"是乐于吃凉菜，不喜欢过烫过热的菜肴；"淡"是喜欢少盐味，味道忌咸，以偏甜为好。

美国人不习惯烹调中多用调料，而习惯在餐桌上用调料自行调味。他们平时惯用西餐，一般是一日三餐。早、午餐乐于从简，晚餐是一天的主餐，内容比较丰富，但也不过是一两道菜，加上点心和水果。他们在使用刀叉餐具方面，一改欧洲人叉子不换手的习惯，他们好以右手刀割食品后，再换叉子取食用餐。他们特别愿意品尝野味和海味菜肴，对蛙肉和火鸡尤其偏爱。

美国人一般乐于在自己家里宴请客人，而不习惯在餐馆请客。美国人饮食上忌食各种动物的五趾和内脏，不吃蒜，不吃过辣食品，不爱吃肥肉，不喜欢清蒸和红烩菜肴；喜欢喝可口可乐、啤酒、冰水、矿泉水、威士忌、白兰地等。美国人不喜欢人在自己的餐碟里剩食物，认为这是不礼貌的。

美国人对中餐是普遍欢迎的，喜爱中国的苏菜、川菜、粤菜。

3）信仰忌讳

美国人大多信奉新教和罗马天主教，其次为犹太教、东正教、伊斯兰教，印度教和佛教只有少量信徒。

美国人忌讳"13""星期五"，认为这些数字和日期都是厄运和灾难的象征。他们还忌讳有人在自己面前挖耳朵、抠鼻孔、打喷嚏、伸懒腰、咳嗽等，认为这些都是不文明的，是缺乏礼教的行为。若喷嚏、咳嗽实在不能控制，则应避开客人，用手帕掩嘴，尽量少发出声响，并及时向在场人员表示歉意。他们忌讳有人冲他们伸舌头，认为这种举止是污辱人的动作。他们讨厌蝙蝠，认为它是吸血鬼和凶神的象征。他们忌讳黑色，认为黑色是肃穆的象征，是丧葬用的色彩。他们特别忌讳赠送带有公司标志的便宜礼物，因为这好像是在为公司做广告。他们忌向女性赠送香水、衣物和化妆用品。

2. 加拿大

加拿大是一个民主和充满活力的国家，大部分人对未来充满信心和希望。

1) 见面礼仪

加拿大人在社交场合与客人相见时，一般都行握手礼，亲吻和拥抱礼仪适合熟人、亲友和情人之间。在双方握手以后，会说"见到你很高兴""幸会"等。

加拿大人的姓名是名在前、姓在后。在隆重的场合，加拿大人总是连名带姓地进行介绍。介绍时，双方都要站起来，友好地正视对方，面带笑容。加拿大人在社交场合介绍朋友时，手的姿势是胳膊向外微伸，手掌向上，手指并拢。

加拿大人在进行自我介绍时，声音要适中，音调不可过高，一边与他人握手，一边说出自己的姓名。他们对大声向所有宾客介绍自己的方式很反感。他们在口头介绍的同时会递上名片。在商务活动中赠送的礼品最好是具有民族特色的、比较精致的工艺美术品。礼品要用礼品纸包好，附带一张写有受礼人和送礼人姓名的卡片。

在正式谈判场合，衣着要整齐庄重。当有会议或活动时，加拿大人会在事前通知参加的时间，不宜过早到达。如有事稍微晚到几分钟，他们一般不会计较。

2) 餐饮礼仪

加拿大人在食俗上与英美人相似。由于气候寒冷，他们养成了爱吃烤制食品的习惯，这是他们的独特之处。

加拿大人用刀叉进食，极爱食用烤牛排，尤其是八成熟的嫩牛排，习惯在用餐后喝咖啡和吃水果。加拿大人在饮食上讲究菜肴的营养质量，偏爱甜味，以面食、大米为主食，副食喜吃牛肉、鸡肉、鸡蛋、沙丁鱼，以及西红柿、洋葱、土豆、黄瓜等。调料爱用番茄酱、黄油等。他们有喝白兰地、香槟酒的嗜好，忌食虾酱、鱼露、腐乳，以及有怪味、腥味的食物和动物内脏。

加拿大人热情好客。亲朋好友之间请吃饭一般在家里而不去餐馆，认为这样更友好。赴宴时最好到花店买一束鲜花送给主人，以表达自己的谢意。客人来到主人家，进餐时由女主人安排座位，或事先在每个座位前放好写有客人姓名的卡片。在餐桌上，男女主宾一般分别坐在男女主人的右手边，男女一定要分开来坐。饭前先用餐巾印一印嘴唇，以保持杯口干净。进餐时，左手拿叉，右手拿刀，刀用完后，放在盘子边上。吃东西时不要发出声音，不宜说话，不要当众用牙签剔牙，切忌把自己的餐具摆到他人的位置上。加拿大人认为正确、优雅的吃相是绅士风度的体现。

3) 禁忌

加拿大人忌讳"13""星期五"，认为"13"是厄运的数字，"星期五"是灾难的象征。他们忌讳白色的百合花，认为它会给人带来死亡的气氛，人们习惯用它来悼念逝者。他们不喜欢外来人把他们的国家和美国进行比较，尤其是拿美国的优越方面与他们相比，更是不能接受。

3. 英国

1）见面礼仪

在英国，中上层的人士生活舒适，因此养成了一种传统的"绅士""淑女"风度。在英国，尊重女性是体现绅士风度的一个重要方面。女士优先是一个人人皆知的行为准则。

在英国，彼此第一次认识时，一般都以握手为礼。英国人待人彬彬有礼，讲话十分客气，"谢谢""请"字不离口。对英国人讲话也要客气，不论他们是服务员还是司机，都要以礼相待，请他们办事时说话要委婉，不要使人感到带有命令的口吻，否则，可能遭到冷遇。

英国人比较慢热，相处初期往往显得比较寡言，但是经过一段时间的相处会逐渐健谈。英国人很有幽默感，有时他们在调侃的时候，可能看起来很严肃。他们善于自嘲，但绝不会对别人的遭遇幸灾乐祸。谈正事时，喜欢直接切入主题，表达意见也不愿拐弯抹角。他们很少发脾气，能忍耐，不愿意与他人进行无谓的争论。英国人做事很有耐心，任何情况下，他们都不会面露焦急之色。

2）服饰礼仪

英国人注意服装，穿着要因时而异。他们往往"以貌取人"，因此与他们交往时仪容仪态尤需注意。英国人讲究穿戴，只要一出家门，就须衣冠楚楚。在会客、拜访或参加酒会、宴会、晚会时，要穿西服打领带。在夏天，可以不穿西服，只穿短袖衬衫，但也要打领带。英国人的穿衣模式受到世界上许多人的推崇。按英国商务礼俗，随时宜穿三件套式西装，打传统保守式的领带，但是勿打条纹领带，因为英国人会联想到那是旧"军团"或老学校的制服领带。现在，英国人的衣着已向多样化、舒适化发展，比较流行的有便装夹克、牛仔服。

在某些特定的正式场合，英国人还保留着穿传统服装的习俗：法院正式开庭时，法官仍然头戴假发，身穿黑袍；教堂做礼拜时，牧师要穿上长袍；每届国会开幕，女王前往致辞时，更是头戴珠光闪烁的王冠，随行的王宫女侍都身着白色的长裙礼服；王宫卫士身穿鲜红的短外衣、黄扣黄束腰，头戴高筒黑皮帽；伦敦塔楼的卫士黑帽、黑衣，上绣红色王冠及红色边线，近卫骑兵是黑衣、白马裤、黑长靴、白手套，头戴银盔，上面飘着高高的红穗。

3）餐饮礼仪

英国人一般比较喜爱的烹饪方式有烩、烧烤、煎和油炸。重大的宴请活动通常安排在晚餐时进行。英国商人一般不喜欢邀请客人至家中饮宴，聚会大多在酒店、饭店进行。英国人对饮茶十分讲究，各阶层的人都喜欢饮茶，尤其女性更是嗜茶成癖。英国人还有饮下午茶的习惯，即在下午3~4点钟时，放下手中的工作，喝一杯红茶，有时也吃块点心，休息一刻钟，称为"茶休"。主人常邀请客人共同喝下午茶，遇到这种情况，大可不必推却。在正式的宴会上，一般不准吸烟。进餐时吸烟，被视为失礼。

4) 禁忌

英国人认为"13"和"星期五"是不吉利的，尤其是"13日"与"星期五"相遇更忌讳，这个时候，许多人宁愿待在家里不出门。他们忌讳四人交叉式握手，还忌点烟连点三人，一根火柴点燃第二支烟后应及时熄灭，再用第二根火柴点第三个人的烟才算不失礼。与英国人谈话，若坐着谈应避免两腿张得过宽，更不能跷起二郎腿；若站着谈不可把手插入衣袋。忌当着英国人的面耳语，不能拍打肩背。英国人忌将人像用作商品装潢，忌用大象图案，因为他们认为大象是蠢笨的象征。英国人讨厌孔雀，认为它是祸鸟，把孔雀开屏看作自我炫耀和吹嘘的表现。

如果需要购买一件贵重的艺术品或数量很多的商品，就需要小心地与卖方商定一个全部的价钱。英国人很少讨价还价，如果他们认为一件商品的价钱合适就会买下，不合适就会走开。

英国人讨厌被过问私事。如果去英国旅游，千万不要随便问他人"您去哪儿""吃饭了吗"这类问题。对此，中国人认为很热情，英国人则认为很粗鲁。英国人非常不喜欢谈论男性的工资和女性的年龄。

4. 法国

1) 见面礼仪

法国人在社交场合与客人见面时，一般以握手为礼，少女和妇女也常施屈膝礼。在男女之间、女士之间见面时，他们还常以亲面颊或贴面来代替握手。法国人还有男士互吻的习俗。两位男士见面，一般要当众在对方的面颊上分别亲一下。在法国一定的社会阶层中，吻手礼也颇为流行。施吻手礼时，注意嘴不要触到女士的手，也不能吻少女的手。

法国人爱好社交，善于交际。法国人拥有极强的民族自尊心和民族自豪感，在他们看来，世间的一切都是法国的最棒。与法国人交谈时，如能讲几句法语，一定会使对方热情有加。

2) 餐饮礼仪

作为举世皆知的世界三大烹饪王国之一，法国人十分讲究饮食。在西餐中，法国菜可以说是最讲究的。

法国人用餐时，允许两手放在餐桌上，但不许两肘支在桌子上。在放下刀叉时，他们习惯于将其一半放在碟子上，一半放在餐桌上。

3) 禁忌

法国人大多喜爱蓝色、白色与红色。他们所忌讳的色彩主要是黄色与墨绿色。法国人忌讳核桃，忌用黑桃图案。法国人视孔雀为恶鸟，并忌讳仙鹤、乌龟。

法国人忌讳"13"与"星期五"。

在人际交往中，法国人对礼物十分看重，但又有其特别的讲究。法国人喜欢具有艺术品位和纪念意义的物品。男士不赠送香水、化妆品等礼物给关系一般的女士。在接受礼物时若不当着送礼者的面打开包装，则是一种无礼的表现。初次见面无须送礼，否则会被认为不善交际，甚至粗俗。

5. 德国

1) 见面礼仪

在一般社交场合，德国人总乐于在打招呼时称呼对方的头衔。若非对方主动提出，不要贸然以名字相称。在与不熟悉的客人谈话时，通常称"Sie（您）"。在双方同意的基础上，才能用较亲密的"du（你）"，并以名字相称。但在年轻人和革新派之间一般用"du"，表示他们不拘礼节的作风。

德国人在社交场合与人见面时，一般惯行握手礼。在与朋友相见或告别时，习惯互相把手握了又握，似乎这样他们会更高兴。他们在握手时惯于坦然注视对方，以示友好。在德国，熟人、亲朋好友相见时，一般惯施拥抱礼；情侣和夫妻间见面则惯施拥抱礼和亲吻礼。

德国人的时间观念很强。因此，一旦约定时间，迟到或过早抵达都被视为不懂礼貌。

2) 餐饮礼仪

德国人很讲究食物的含热量，所以肉食在一日三餐中占据了突出的地位。大餐的主食大多为炖或煮的肉类。除北部沿海地区外，大多数人不习惯吃鱼。德国人用餐讲究餐具，宴请宾客时，桌上要摆满酒杯、刀叉、盘碟。

德国人在宴会上和用餐时，注重以右为上的传统和女士优先的原则。德国人举办大型宴会时，一般会提前两周发出请帖，并注明宴会的目的、时间和地点。他们用餐讲究餐具的质量和齐备。

宴会用餐席位原则是以右为上，一般男士要坐在女士和职位较高男士的左侧，当女士离开饭桌或回来时，男士一定要站起来，以表示礼貌。他们很讲究会客或宴请的地点，注重设备的豪华和现代化程度。他们还乐于在幽雅、卫生的厅堂里用餐。

3) 禁忌

德国人主要信奉基督教和罗马天主教，他们忌讳"13"和"星期五"。德国人忌用茶色、红色或深蓝色，忌食核桃。他们忌讳四人交叉握手，认为这是不礼貌的做法。他们忌讳蔷薇、菊花，认为这些花是为悼念亡者所用的。

德国人不喜欢听恭维话，他们认为过分的恭维实际上是对人的看不起，甚至是对人的侮辱。他们忌讳在公共场合窃窃私语，因为这容易引起他人的疑心。忌讳目光盯视他人，认为这有不轨之嫌。他们忌讳交叉式的谈话，认为这是不礼貌的。他们对红色及掺有红色或红黑相间的颜色都不感兴趣。

6. 日本

1) 见面礼仪

日本人在见面时一般都互致问候，脱帽鞠躬，稍微低头，眼睛向下，表示诚恳、可

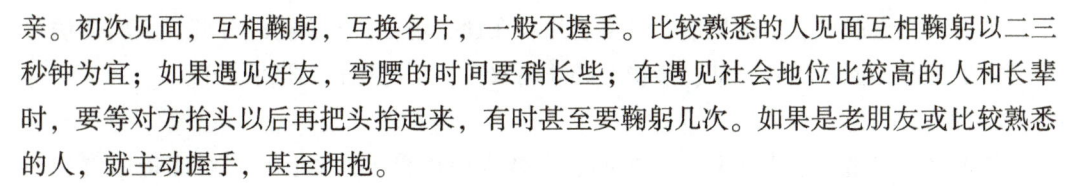

亲。初次见面，互相鞠躬，互换名片，一般不握手。比较熟悉的人见面互相鞠躬以二三秒钟为宜；如果遇见好友，弯腰的时间要稍长些；在遇见社会地位比较高的人和长辈时，要等对方抬头以后再把头抬起来，有时甚至要鞠躬几次。如果是老朋友或比较熟悉的人，就主动握手，甚至拥抱。

2）服饰礼仪

日本人在交际应酬之中对打扮十分介意。在商务交往、政务活动及对外场合中，日本人多穿西服。在民间活动中，有时会穿和服。穿和服时，一定要穿木屐或草鞋，并配以布袜。女性穿和服时，还必须腰系彩带，腰后加上一个小软托，并且手中打伞。根据年龄、婚姻状况及身份地位的差别，和服的色彩、图案、款式、面料乃至穿着方法也不尽相同，需要准确区分。

3）餐饮礼仪

日本人用餐时，要摆上一个长矮桌，男子盘腿而坐，女子跪坐而食。日本的特殊地理环境决定了他们独特的饮食习惯。日本料理的最大特点就是以鱼、虾、贝类等海鲜品为烹饪主料，或热吃，或冷吃，或生吃，或熟吃。他们的主食是大米，其他的主要粮食有小麦、大麦、小米、玉米、荞麦、糯米、大豆、小豆、甘薯等。他们逢年或过生日总喜欢吃红豆饭，以示吉祥。他们很喜欢酱和酱汤，因为酱和酱汤含有大量的蛋白质和铁质，且容易消化，适于老弱病残者食用，是日本家庭中不可缺少的菜谱之一。日本人一般不吃肥肉和猪内脏。

日本人在使用筷子上是很讲究的，筷子要放在筷托上。他们还有"忌八筷"的习俗，就是不能舔筷、迷筷、移筷、扭筷、剔筷、插筷、跨筷、掏筷。此外，他们还忌用同一双筷子让大家依次夹取食物，也不能把筷子垂直插在米饭里。

4）禁忌

日本人不喜欢紫色，认为紫色是悲伤的色调；最忌讳绿色，认为绿色是不祥之色。日本人忌讳"4"，主要是"4"和"死"的发音相似，很不吉利；也特别忌讳"9"，日语中"9"的发音与"痛苦"的发音相同，因此也不受人喜爱。还忌讳三人一起合影，认为中间的人被左右两人夹着是不幸的预兆。

日本人对樱花无比厚爱，对荷花则很反感。樱花是日本的国花；荷花是丧葬活动用的；菊花在日本是皇室的标志，不能作为礼物送给日本人；盆花和带有泥土的花，则被理解为"扎根"，意味着病久不愈，不宜送给病人。

日本人很喜欢猕猴和绿雉，并且分别将它们确定为国宝和国鸟。同时，他们也很喜欢鹤和龟，认为是长寿和吉祥的代表。但是，日本人对金色的猫，以及狐狸和獾极为反感，认为它们是"晦气""贪婪"和"狡诈"的化身。

7. 韩国

1）见面礼仪

韩国人见面必互致问候，男士见面微鞠躬，互握右手或双手，分别时也鞠躬。男士不得主动与女士握手。初次见面,交换名片。在社交场合,男女必须分开。上门造访习惯带上小礼品,但不送外国烟;接物时必须用双手,不能把礼品当场打开。

2)餐饮礼仪

韩国饮食风格介于中国和日本之间,多数人使用筷子用餐;材料以高蛋白食物为主,辅以蔬菜;喜食汤和饭、火锅、汤面、冷面、生鱼片、生牛肉、什锦饭等,也喜欢热辣口味。在宴会上,韩国人习惯互相斟酒,喝交杯酒;受人劝酒时不可拒饮;不胜酒力时杯中应留点酒;对于醉酒者,他们多持宽容的态度。受人敬菜时要礼貌地推让两次,第三次才欣然接受。饭后被人邀歌时不可拒唱。韩国人不喜欢较油腻的炒菜,喜欢清淡的生菜、熬菜和炖菜等,其中泡菜是韩国人每顿必备的菜。

8. 印度

1)见面礼仪

印度人见面的礼节有合掌、举手示意、拥抱、摸脚、吻脚。一般两手空着时,口念敬语,同时施合掌礼。合掌之高低因受礼者不同而有所区别,对长者宜高,两手至少要与前额相平;对晚辈宜低,可齐于胸口;对平辈宜平,双手位于胸口和下颌之间。若一手持物,则口念敬语,同时举右手施礼。

摸脚跟和吻脚礼是印度的最高礼节。对于长辈,或对某人表示恳求时,可施摸脚礼,即先用手摸长者的脚,然后用手摸一下自己的头,以示自己的头与长者的脚相接触。

印度伊斯兰教徒的见面礼节是按其传统宗教方式,用右手按胸,同时点头,口念"真主保佑"。

在现代社交场合中,印度男士也开始采用握手礼了,但印度女士除在重大外交场合外,一般不与男士握手。

印度人以玫瑰花环献给贵宾,宾主相互问好后将花环套在客人颈上。花环大小视客人的身份而异,献给贵宾的花环很粗大,长度过膝,给一般客人的花环则仅及胸前。

2)餐饮礼仪

印度人素食者多。由于印度南部气候炎热,当地人一般口味重,嗜好辛辣性食物,北部印度人的口味相对就清淡多了。印度是香料之国,印度菜的烹调也极重视对香料的运用,主要调料就有十几种,几乎做每种菜肴都离不开。印度北部的人烹制羊肉和家禽最为拿手,一般的炮制方法是将鸡肉、羊肉或其他肉类切成小块,腌好后用铁扦串起来挂在炉内,用火烘烤制熟。他们喜欢吃中餐,喜欢分餐制,不习惯用刀叉和筷子,一般用手抓食。

接受或传递食品时,一定要用右手。印度教徒一般都用右手吃饭、拿食物或敬茶,递取他人东西时忌用左手。印度人一般不喝酒,喜好喝茶,大部分喝奶茶。印度人喝茶的方法别具一格,一般都是把茶斟入盘中,用舌头舔饮。

3）信仰禁忌

印度人大多信奉印度教，一小部分人信奉佛教、基督教、锡克教、伊斯兰教等。

印度人忌讳白色，认为白色表示内心的悲哀，习惯把百合花当作悼念品。他们忌讳弯月的图案，并把"1、3、7"视为不吉利的数字，所以总要设法避免这些数字的出现。他们忌讳左手传递东西或食物，也不愿见到有人使用双手与他们打交道。印度教徒最忌讳众人在同一个盘中取食，也不吃他人接触过的食物，甚至他人清洗过的茶杯也要自己再洗涤一遍后才使用。伊斯兰教徒禁食猪肉，也忌讳使用猪制品。由于印度人敬牛如神，称牛为"圣牛"，所以他们禁食牛肉，将牛奶看作圣洁之物，一般不用牛皮鞋和牛皮箱。

9. 澳大利亚

1）见面礼仪

澳大利亚人见面习惯于握手，他们喜欢紧紧地握手并互相以名字相称。一些女士之间不握手，女友相逢时常亲吻对方的脸。

澳大利亚人与朋友偶会于途中或相逢在其他场合，只习惯轻声地说个"哈罗"的"哈"字，有时干脆连"哈"字也不讲，挤一下左眼就算打招呼了。

2）餐饮礼仪

澳大利亚国内95%的居民为英国移民的后裔。因此，生活及饮食习惯基本与英国人相似，但他们对鱼类的菜肴显得比英国人更爱吃，其口味清淡，忌食辣味菜肴，一些人还不吃酸味的食品，他们的菜肴一般以烤、焖、烩的烹饪方法居多。在就餐时，大多喜爱将各种调味品放在餐桌上，自由选用调味，而且调味品要多。澳大利亚的食品素以丰盛和量大而著称。澳大利亚人对动物蛋白的需求量尤其大，通常爱喝牛奶，喜食牛羊肉、精猪肉、鸡、鸭、鱼、鸡蛋、乳制品及新鲜蔬菜，爱喝咖啡，吃水果。

在澳大利亚，应邀去吃中午饭或晚饭时，给女主人带上一束鲜花或一瓶酒是受欢迎的。告别时必须对主人的款待表示感谢。

3）禁忌

在澳大利亚，即使是很友好地向人眨眼，尤其是女性，也会被看作极不礼貌的行为。他们对兔子特别忌讳，认为兔子是一种不吉祥的动物，人们看到它都会感到倒霉，认为预示着厄运将要临头。他们对数字"13"很讨厌，认为"13"会给人们带来不幸和灾难。他们忌讳"自谦"的客套语言，认为这是虚伪和无能、看不起人的表现。

> **知识拓展**

西方的重要节日

1. 圣诞节

圣诞节（Christmas）是欧美国家一年中最重要的节日。它原本是耶稣基督（Jesus Christ）诞辰纪念日，如今已成为西方国家全民性的节日，颇似中国的春节。圣诞节定于每年的 12 月 25 日，而圣诞节假期往往持续两周。这段时间里，雪片般的贺卡飞往世界各地，电话线、通信网频繁地传递人们的祝福和问候；大街小巷粉饰一新，商店橱窗前大减价、大拍卖的广告格外醒目；到处可见人们拎着大包小包的节日用品匆匆而过，到处可听见欢快的歌声和笑声。

圣诞节前夜，夫妻之间、亲友之间都要互赠节日礼品。节日的象征物为圣诞树（小松树）、圣诞花、圣诞蜡烛、圣诞卡、圣诞邮票、圣诞老人、鹿、拐杖形糖。车站、机场里此时挤满了盼望回家的人，因为圣诞节也是家人团聚的日子。无论外出多远，人们都会想方设法赶回家与亲人团聚。

2. 新年

在西方国家，尽管圣诞节是最大的节日，但新年（New Year's Day）在人们心目中仍占有不可替代的重要地位。新年的晚会是庆祝新年到来必不可少的活动。西方各国都喜欢在欢快的乐曲和绚丽的光彩中喜气洋洋地度过一年的最后一个夜晚。此时，化装晚会特别受欢迎。来宾们把尊严和谨慎藏在面具之后，打扮得稀奇古怪。大家无拘无束，尽情玩乐，与平日的行为大相径庭。在英、美两国，午夜钟声一响，参加晚会的人们还要手拉手高唱《友谊地久天长》这首著名的苏格兰民歌。

3. 情人节

每年 2 月 14 日，在春回大地之时，欧美各地的人们都会欢度情人节（Valentine's Day）又名"圣瓦伦丁节"。这个习俗可追溯到古罗马的"牧神节"。为纪念畜牧之神卢泊库斯的功绩，每逢这一天人们总要举办各种舞会和游戏活动。特别是在抽签游戏中，每个男青年可以从"签筒"中抽出写有某位姑娘名字的签，被抽中的姑娘便成了他的情人。这种有趣的节日游戏，后来渐渐取代了"牧神节"的意义，而成了青年恋人的节日。

在这个充满了浪漫与幻想的节日里，情侣们互诉衷肠。许多人选择这一天订婚、结婚；各地的大学、中学和一些团体俱乐部会主办热闹非凡的情人舞会；剧院里演出以爱情为主题的戏剧节目；人们制作并购买精美工艺美术品，如鲜花、画片、明信片等礼物，内藏甜言蜜语，用以交流情感。因此，这个节日是一个爱情的节日、友谊的节日、欢乐的节日。

4. 愚人节

愚人节（April Fool's Day）又称万愚节，在每年的 4 月 1 日。据说，耶稣在这一天曾遭受犹太人戏弄。这天上午可以允许人们搞一些小的、无伤大雅的恶作剧而不加责怪。有人编假话哄骗别人，也有人做假菜捉弄别人。参加这些活动的大多是青少年，但也有一些成年人借此取乐。有的新闻媒介甚至刊登假新闻、假广告，开一些耸人听闻的玩笑。在这个尽情开玩笑的日子里，有些玩笑虽然开得过火，近乎恶作剧，可是人们并不在意，因为大家都知道这一天是愚人节。

5. 复活节

复活节（Easter）是为了纪念耶稣被钉上十字架，三天后死而复活的基督教节日。据说复活节一词的原意是冬日逝去后，春天的太阳从东方升起，把新生命带回。基督教教徒借用该词表示生命、光明、欢乐的恩赐者耶稣再次回到人间。按照习俗，复活节的日期是自3月21日起月圆后的第一个星期日。如果月圆正值星期日，则要顺延至下一个星期日。因此，每年的具体日期并不固定，一般在3月22日至4月25日之间。

复活节是欧美各国仅次于圣诞节的重大节日。节日期间亲人团聚，驱车出游，尽情欢乐。一般来说，大学都从复活节开始放春假，假期长的达三四周，短的也有一两周。在多数西方国家里，复活节一般要举行盛大的节日游行，游行洋溢着喜庆的气氛，具有浓烈的民间特色和地方特色。复活节时人们纷纷换上新衣。复活节期间，人们还喜欢彻底打扫自己的住处，表示新生活从此开始。由于鸡蛋孕育着新的生命，人们就把蛋作为复活的象征。在复活节，人们常以彩蛋作为礼品和吉祥物，有人还把糖果巧克力做成彩蛋模样送人，且深受人们欢迎。

6. 感恩节

每年11月的最后一个星期四是感恩节（Thanksgiving Day）。感恩节是美国人民独创的一个节日，也是美国人合家欢聚的节日，因此美国人提起感恩节总是倍感亲切。感恩节假期一般会从星期四持续到星期天。

感恩节始于1621年，已有几百年的历史。它源于一个动人的历史故事。1620年9月，有102名英国清教徒乘"五月花号"木船，经过65天的海上漂泊，于11月21日抵达美国东北部的普洛维登斯附近的普利茅斯，找到了一个印第安人村落。当地印第安人很同情这些移民，帮助他们狩猎、捕鱼、种庄稼，并取得了丰收。移民们为感谢上帝的赐予和印第安人的帮助，于1621年秋天用火鸡、南瓜、玉米、红薯等劳动果实大摆宴席。当时还有近百名印第安人带着火鸡、鹿等礼品应邀前来赴宴，一连庆祝三天三夜，如此年复一年。

美国第一任总统华盛顿就职声明中规定：1789年11月26日星期四为第一个全国统一庆祝的感恩节。他指出，这一天应是祈祷和感谢上帝的日子，各派宗教都要庆祝这个节日，以鼓励人们共同继承祖先的精神。美国独立后的1863年，林肯总统宣布感恩节为全国性节日。1941年，美国国会正式将每年11月的第四个星期四定为感恩节。

思考与练习

（1）国际惯用的称呼方式有哪些？

（2）自我介绍的形式有哪几种，分别介绍哪些内容？

（3）商务场合有哪些适合交谈的话题？有哪些禁忌话题？

（4）索取名片的方法有哪几种？

（5）请简述递送和接受名片的礼仪。

(6) 公务接待准备工作包括什么？

(7) 奉茶接待有哪些需要注意的细节？

(8) 接待礼仪中的"三声"和"三到"指什么？

(9) 民航外事礼仪的原则是什么？

(10) 如果你到美国人、日本人、法国人或澳大利亚人家里做客，你要注意哪些礼节？

案例分析题

(1) 张强刚走上工作岗位不久，就接到了一份大订单。如果能够拿下这份订单，今年他就可以完成当年销售额度的60%。张强为此做了很多工作。

今天是对方约张强到单位商谈所订货物清单的日子，张强进行了精心准备，服装整洁、材料放在公文包中，一切准备妥当。他准时到达对方单位，拜访了对方供应科科长。张强与供应科李科长是首次见面，张强一见李科长马上上前握手，他热情有力地摇晃着李科长的手说："见到您太高兴了，请多关照。"入座后，张强马上拿出自己的名片，随后李科长与之交换了名片，张强接过李科长的名片，仔细看了看后，放在桌上。双方就订单的具体事宜再次进行了沟通，兴奋不已的张强在商谈结束后，把材料放回公文包。与对方告别后，将李科长的名片留在桌上，他兴冲冲地赶回公司向总经理汇报。不料，张强回到公司向总经理汇报时，总经理很生气地告诉他，这份订单交给他们部门经理去做了。张强不明白这是为什么。

请分析：

① 张强在拜访李科长的过程中有哪些不当之处？

② 张强失去这份订单的深层原因是什么？

(2) 李先生是一家票务公司的业务经理，在一次商务联欢会中，王总为他介绍了开展相同业务的另一家公司的孙小姐。王总说："这位是李先生，这位是孙小姐。"当时，李先生不自觉，一下就把自己的手首先伸出去了。没想到孙小姐端架子，不搭理他。李先生的手回不去了，在那儿死撑，脸上都出汗了，足有二三十秒。后来李先生急中生智，"蚊子！"他转手去打莫须有的蚊子。

请分析：

① 李先生哪里做错了？

② 孙小姐有没有不对的地方？

③ 王总在介绍时有什么不妥的地方吗？

实训项目

(1) 根据以下场景，进行自我介绍、为他人做介绍的练习。

① 场景一：作为新入职的员工，向部门同事进行自我介绍。

② 场景二：单位举办活动，作为主办方的代表，介绍参加活动的兄弟单位的两位同事互相认识。

实训要点：介绍时的仪态、表情，介绍内容的组织。

（2）每个小组代表一家航空公司，以小组为单位，假设两家航空公司首次进行业务培训交流，进行称呼问候、自我介绍、握手、递接名片的训练。

实训要点：正确的称呼、自我介绍时机与内容、行礼站姿、握手的要求、与同事交流时微笑与眼神的使用、递接名片的正确方法。

（3）以小组为单位，根据以下服务场景，进行接待、奉茶、倒水的训练。

场景：在飞机头等客舱，午餐时间，工作人员需要为五位不同国籍的客人（日本人、美国人、英国人、法国人和印度人）提供餐饮服务。

实训要点：站立式服务时的站姿，了解各国餐饮礼仪及饮食禁忌，奉茶的礼仪要求，与旅客交流时微笑与眼神的使用。

第五章　民航岗位服务礼仪

学习目标

（1）掌握值机岗位主要工作内容的礼仪规范。
（2）掌握候机楼现场问询及电话问询的礼仪规范。
（3）掌握安全检查岗位主要工作内容的礼仪规范。
（4）掌握客舱服务岗位主要工作内容的礼仪规范。
（5）掌握民航常见特殊旅客服务礼仪规范。

第一节　值机岗位礼仪

一、值机岗位简介

值机服务是指为旅客办理乘机手续的整个服务过程，其主要内容包括查验证件、安排座位、发放登机牌、收运行李及相关旅客运输服务的处理。它是民航旅客地面服务的一个重要组成部分，是民航运输生产的一个关键性环节。

1. 值机柜台的设置

为了提高服务效率和质量，合理分流旅客，机场或航空公司会根据所拥有的值机柜台数量及旅客类型对值机柜台进行分类设置。较常见的类型有普通旅客柜台、无托运行李柜台、特殊旅客柜台、晚到旅客柜台、团体旅客柜台、逾重行李柜台、超大超限行李柜台、VIP柜台、候补旅客柜台、值机主任柜台等。

2. 新兴值机方式

目前，除传统的柜台值机方式外，民航出现了许多其他的值机方式，如自助值机（自助值机设备如图 5-1 所示）、网络值机、手机值机、巴士值机、异地候机楼值机、移动值机等。这些新兴的值机方式在给旅客提供便利的同时也为航空运输企业节省了成本支出。

第五章　民航岗位服务礼仪

图 5-1　自助值机设备

二、值机岗位礼仪规范

1. 迎接旅客

（1）旅客到达值机柜台，值机员应站立迎接，面带微笑，主动问"您好""早上好/下午好"等，如图 5-2 所示。

（2）如值机柜台前无旅客等候值机，值机员可坐下等待，坐姿保持端正。

图 5-2　值机员站立迎接旅客

2. 查验证件

（1）旅客如未主动出示证件，值机员应礼貌索要："您好，请出示您的身份证件（护照）。"值机员应站立并双手接过旅客的证件，之后可坐下办理乘机手续。

（2）快速高效查看旅客的证件，通常身份证 8 秒钟以内、护照 30 秒钟以内应查看完毕。

（3）办理手续前，向旅客确认航班信息和目的地，如"您是准备乘坐××航班去××吗""您准备乘坐的是×点×分飞往××的航班，对吗"。

（4）VIP 柜台及两舱柜台的值机员需提供姓氏服务。在不知道旅客姓名的情况下，

143

可以使用"先生/女士/小姐"称呼旅客；当查验过旅客证件，获知旅客信息后，在后续服务过程中，必须以"姓氏+先生/女士/小姐"称呼旅客。

3. 安排座位

安排座位是值机工作的一项重要任务，在满足飞机配载平衡及飞行安全的基础上，值机员应尽量满足旅客对座位的需求，同时应主动根据旅客的实际情况为其安排合适的座位。

（1）主动询问旅客对座位的喜好。

询问座位需求时应根据航班座位实际剩余情况灵活使用提问方式，具体包括以下几点技巧。

① 通常不使用开放式的提问方式，如"您需要什么样的座位"，尽量使用封闭式的提问方式，以节省时间，提高效率。

② 多数旅客喜欢靠窗或靠过道的座位，因此在座位充足的情况下，通常使用"请问您需要靠窗座位还是靠过道的座位"来询问。

③ 若靠窗和靠过道的座位都没有了，可不必询问座位喜好，或可询问"您需要靠前的座位还是靠后的座位"。

④ 当航班座位剩余量少时可不必询问座位喜好。

（2）在不能满足旅客座位需求时，应向旅客致歉，解释并提供其他座位选择，如"对不起，靠窗的座位没有了，我给您安排一个靠前的过道座位，您看可以吗"。

（3）同行的旅客应尽量将座位安排在一起，如没有相连的座位应告知旅客并致歉，如"对不起，现在没有一起的座位，我将你们安排在最近的区域内，您看可以吗"。

（4）对于特殊旅客，如孕妇、儿童、婴儿、轮椅旅客、老年旅客等，应按照特殊旅客的座位安排要求选择合适的便于服务的座位。

（5）在安排紧急出口座位时，应严格按照规定执行，必须明确告知旅客紧急出口座位相应的职责，在得到旅客的应允后方可将旅客安排在紧急出口座位。

4. 收运行李

收运行李是值机工作中的一项重要工作，其工作内容包括检查行李外包装、了解行李内是否有不符合规定的物品、行李过秤、收取相应的逾重行李费等。

（1）主动询问旅客是否有托运行李。例如，"请问您有托运行李吗""麻烦您将托运行李放在行李带上"等。

（2）认真检查旅客行李的外包装，若发现外包装不符合要求，应礼貌告知，如"对不起，您的行李包装不妥，运输过程中可能造成行李损坏，麻烦您按照要求重新包装一下，谢谢"。若旅客行李的外包装有损坏，应同旅客进行确认，并在行李牌上做好相应的标识，如"您的行李箱轮子丢落了一个，麻烦您签名确认一下，谢谢您的配合"。

（3）对旅客的行李应轻拿轻放，规范粘贴、拴挂行李牌，如图5-3所示，将行李识别联粘贴在登机牌副联的背面。

图 5-3　值机员给行李拴挂行李牌

（4）主动了解旅客行李的安全问题。例如，"请问您的托运行李里有贵重物品或易碎物品吗""您的托运行李里是否有充电宝和锂电池""请您看一下告示牌，以确保您的交运行李里没有所示物品，谢谢"" 您的行李内有帮他人携带的物品吗"。

（5）对于旅客的逾重行李应明确告知规定，如"对不起，您的行李重量超过了经济舱 20 千克的免费行李额度，您需要缴纳逾重行李费。请您到××柜台办理，谢谢"。

5. 礼貌道别

（1）手续办理完毕后值机员须站起来，如图 5-4 所示，用双手将旅客身份证件、登机牌等物品一并交还给旅客，如"这是您的登机牌和身份证件，请您收好"。

图 5-4　值机员将登机牌交还给旅客

（2）必要时口头向旅客提示登机口及登机时间信息，并用手势指示安检通道方位，如图 5-5 所示。例如，"您的航班马上就要开始登机了，请您抓紧时间进行安全检查，到××号登机口登机""您的航班在×区××号登机口登机"。

（3）面带微笑，礼貌告别，例如"祝您旅途愉快！""再见！"。

图 5-5　值机员为旅客指示安检通道方位

三、自助值机设备引导岗位礼仪规范

自助值机引导岗位指的是在自助值机设备、自助托运设备旁引导旅客排队、指引旅客操作设备的服务岗位。在工作过程中，因注意以下礼仪规范：

1. 在没有旅客需要帮助时，应保持规范站姿、行姿，在规定的区域内站立或行走，面带笑容，巡视周围情况，及时发现问题以提供帮助。

2. 旅客来求助时，应主动提供服务："先生/女士，您好，请问有什么可以帮到您的？"

3. 旅客在操作设备时遇到困难需要帮助时，应先了解问题所在，并指引旅客完成操作，若非旅客要求，不可直接全程代替其进行操作。

4. 在指导旅客操作过程中，不能使用命令式、教育式的口吻，注意语言的尊敬性和礼貌性。

5. 在指导旅客完成设备操作过程中，切忌侵犯旅客隐私。需要使用旅客证件或手机时，要先礼貌征询其同意后方可进行，"您好，我可以看一下您的证件吗？"使用旅客证件或手机时应全程在旅客的视线内；旅客在操作设备时，若非必须，工作人员不可全程近距离在旅客身边观看其操作。

第二节　候机楼问询岗位礼仪

一、候机楼问询岗位简介

如图 5-6 所示，在机场候机楼的显眼位置设立专门的问询柜台，为旅客提供各种问询服务，这已经成为航空运输企业为旅客服务的不可或缺的窗口。候机楼问询岗位主要向旅客提供航班信息、机场交通信息、候机楼设施使用等问询服务，帮助旅客解决问题、指明方向。

候机楼问询服务根据服务方式的不同可分为现场问询和电话问询。现场问询是指在候机楼设立专门的问询柜台向旅客提供服务。电话问询还分为自动语音应答问询和人工电话问询。自动语音应答问询是指旅客根据自动语音提示进行操作，能快速高效地解决常见的问题；人工电话问询则主要用来解决旅客提出的一些比较特殊或非常规的问题。

图 5-6　机场问询柜台

1. 候机楼问询岗位知识要求

候机楼问询岗位的工作人员只有具备较为全面的民航相关知识才能为旅客提供全面、优质的问询服务。这主要包括熟悉民航基础知识，掌握民航相关的法律法规及政策，熟悉国内、国际旅客行李运输及客票业务的相关知识，熟悉机场旅客服务的基本业务流程，了解安全检查及联检单位的基础业务知识，掌握机场交通状况及当地基本地理状况。

2. 首问责任制

问询服务实行"首问责任制"，即旅客求助的第一位工作人员有责任在第一时间确保准确答复或有效解决问题，否则必须将旅客指引到能提供有效服务的单位或岗位。

二、现场问询服务礼仪规范

1. 迎接旅客

接待旅客问询实行站立式服务，见到有旅客走向问询柜台，工作人员应主动站立，保持规范站姿，面带微笑，提供主动式服务，如"您好，请问有什么可以帮到您的"，

147

而不应等旅客先提出问题。

如柜台前无旅客问询，工作人员可坐下等待，坐姿保持端正。

2. 解决问题

（1）与旅客沟通时首先要认真倾听旅客的问题，不打断旅客，注意旅客的身体语言，了解旅客真实、全面的需求。

（2）与旅客交谈时，眼神要亲切柔和、友善专注，保持目光交流，切忌上下反复打量旅客。

（3）与旅客沟通时做到口齿清晰、语速适中、语言简明清晰，尽量使用通俗易懂的语言，避免使用专业术语等特殊用词。

（4）用双手递接旅客的票证和其他物品时，递送的物品应正面对着旅客，方便旅客查看。

（5）若需要旅客等待，应礼貌告知，如"请您稍等，我马上为您查询"。

（6）如无法回答旅客询问的内容，要主动说对不起，然后告知旅客前往正确的地点询问，或协助旅客咨询其他相关部门。例如，"对不起，这个问题我无法给您准确回复，请您前往××柜台，那里的同事可以帮到您"。切忌使用"不知道""这不是我的职责""你自己找"等直接或间接拒绝旅客的语言。

（7）为旅客指示方位或物品时，右手手臂提起，掌心与地面成45°，眼睛看指示的方向或物品，以胳膊的屈伸度表达指示距离的远近。

3. 礼貌道别

（1）服务结束后应再次询问，如"请问还有别的可以帮到您的吗"。

（2）面带微笑，礼貌告别，如"祝您旅途愉快""再见"。

（3）工作人员应站立目送旅客离去，之后方可坐下。

三、电话问询服务礼仪规范

工作人员在接听问询电话时，应注意以下礼仪规范：

（1）接听问询电话时铃响不超过三声，如超过应向旅客致歉，如"对不起，让您久等了"。

（2）如图5-7所示，接听电话时通常应左手拿听筒，方便右手做记录或查询计算机。

（3）在接听电话时，要首先问候对方（如您好、早上好、晚上好等），然后主动告知对方本部门名称，如"您好，××机场问询处，请问有什么可以帮到您的"。

（4）通话音量要以对方能听清为宜，任何情况下均要避免在电话内大声喧哗。

（5）接听电话时要保持端正坐姿，面带微笑，不可同时做其他事情。

（6）接听电话时，若有其他旅客前来问询，应请旅客稍稍等候。在不影响通话进行的前提下，可用手盖住电话话筒轻声对前来问询的旅客说"对不起，请您稍等"，或用眼神、点头微笑等方式来表达。

（7）通话结束时，要感谢对方来电，并礼貌结束。

（8）工作人员要等对方挂断电话后，方可挂断，不得摔放电话。

（9）不得使用岗位电话拨打私人电话。

图 5-7　工作人员接听问询电话

第三节　安全检查岗位礼仪

一、安全检查岗位简介

安全检查全称为安全技术检查，是指在民用机场实施的为防止劫（炸）飞机和其他危害航空安全事件的发生，保障旅客、机组人员和飞机安全所采取的一种强制性的技术性检查。安全检查岗位如图 5-8 所示。

安全检查工作包括对乘坐民用航空器的旅客及其行李，进入候机隔离区的其他工作人员及其物品，以及空运货物、邮件的安全检查；对候机隔离区内的人员、物品进行安全监控。安全检查岗位的工作内容主要包括证件检查、人身检查和物品检查。

（1）证件检查，即对乘机旅客的身份证件的查验，通过对旅客身份证件的核查，防止旅客用假身份证件或冒用他人身份证件乘机，发现和查控通缉人员。

（2）人身检查，即对乘机旅客的人身检查，包括使用仪器和手工检查直至搜身检查。

（3）物品检查，即对行李物品的检查，包括使用仪器和手工开箱（包）检查。

图 5-8　安全检查岗位

二、验证查验岗礼仪规范

1. 准备工作与等待服务

验证检查员检查设施设备和登录安检信息系统，等待服务。如图 5-9 所示，验证检查员应挺胸端坐在验证台的凳子上，有需要时可微向前倾或站立。

图 5-9　验证检查员端坐在验证台

2. 引导旅客或工作人员

验证检查员主动请旅客出示身份证件和登机牌；请工作人员出示门禁卡和控制区通行证。

1）行为标准

（1）请旅客或工作人员站在 1 米黄线外排队候检。

（2）如图 5-10 所示，使用正确手势提醒或引导。

（3）主动和旅客或工作人员打招呼，点头微笑。

2）语言规范

例如，"请您在 1 米黄线外稍等""请您往里走"。

图 5-10　验证检查员使用正确手势提醒或引导

3. 查验证件（查验门禁卡）

仔细核对证件真伪、是否冒名顶替和是否在控人员，有可疑情况时及时报告上级；查验门禁卡是否有效或持卡人是否违规，有可疑情况时及时报告上级。

1）行为标准

（1）右手或双手接递证件。

（2）检查中发现旅客有戴墨镜、戴围巾、戴口罩和戴帽子等情况时，应主动请其摘下，语气平和，文明有礼。

（3）扫描旅客手机二维码时的注意事项：要轻拿轻放，小心跌落，扫描完毕后小心递还。

2）语言规范

例如，"请出示您的证件和登机牌""请刷卡，请出示您的门禁卡"。

4. 盖章放行

确认无误盖章，准确录入信息，将身份证件和登机牌交还给旅客。

1）行为标准

（1）在登机牌上加盖验讫章后，如图 5-11 所示，将登机牌对折交还给旅客，避免印油弄脏旅客物品。

（2）将身份证件和登机牌一并交还给旅客。

（3）如图 5-12 所示，用正确的手势指引旅客进入通道检查。

2）语言规范

例如，"谢谢，请拿齐您的证件"。

图 5-11　对折登机牌

图 5-12　验证检查员请旅客进入安检通道

5. 情况处置与移交

对可疑和异常情况进行处置，将可疑人员或违规物品报告和移送上级处理。

1）行为标准

（1）检查中发现证件有模糊不清、涂改等情况时，询问要自然大方、态度和蔼、语言得体。

（2）检查中发现有疑似冒名顶替情况时，要注意语言和方法，切忌先入为主、主观判定。

（3）使用文明用语，不用粗暴肢体动作。

2）语言规范

例如，"请您稍等""请您跟我来"。

三、前传检查岗礼仪规范

引导和协助旅客或工作人员将行李物品正确放置于 X 射线机传送带上，按要求调整行李的方向、位置和距离；提醒旅客或工作人员将身上的物品取出来放置在篮筐内，进行手工初步检查，之后通过 X 射线机检查；有序引导旅客或工作人员逐一通过安全门接受检查，维护安全门候检秩序；检查旅客的登机牌上是否盖有安检验讫章。

1. 准备工作与等待服务

检查篮筐，将其摆放在适当位置，方便旅客或工作人员放置随身物品。

（1）佩戴工作牌上岗。

（2）检查篮筐，确保篮筐清洁、充足、摆放整齐有序。

（3）如图 5-13 所示，挺直站立在 X 射线机靠安全门前方的一侧，微笑等待旅客。站姿自然端庄，双目注视前方。

2. 引导检查对象放置行李

协助旅客或工作人员将随身携带的行李和物品放置在 X 射线机传送带上进行检查。

1）行为标准

（1）如图 5-14 所示，指引旅客正确放置行李。

图 5-13　前传检查员微笑站立　　　　图 5-14　正确放置行李

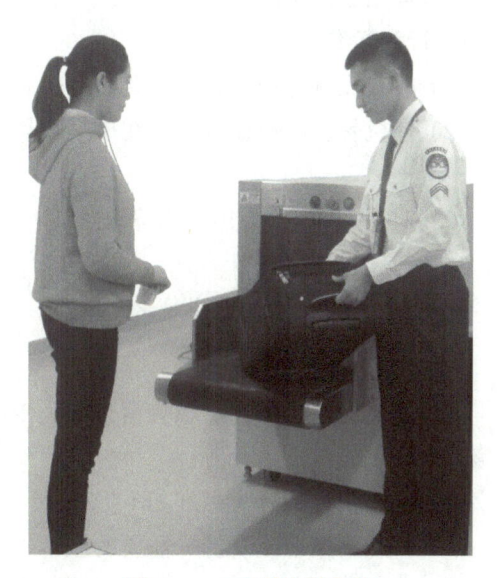

（2）协助老人、残疾人等特殊人群将行李物品放置在 X 射线机传送带上。

（3）如图 5-15 所示，对容易被卷入传送带卷轴或缝隙的行李物品（如双肩背包、衣服、零散物品等）及容易发生散漏的包袋（如没有封口的袋子、没有拉链的手提包和液态物品等），应放置在篮筐内通过 X 射线机检查，防止损坏旅客物品。

图 5-15　零散物品放置在篮筐内检查

（4）要时刻留意传送带转动情况，防止因 X 射线机操作惯性，导致旅客行李跌落。

2）语言规范

例如，"您好，请将行李放在传送带上""请将您身上的金属物品放在篮筐内""请将手提电脑取出来"。

3. 核查登机牌

请旅客出示登机牌并进行核查。

1）行为标准

（1）核查完旅客登机牌后，要将登机牌对折，防止印油弄脏旅客衣服。

（2）登机牌、身份证应放置在旅客物品之下或者篮筐的底部，防止通过 X 射线机时遗失。

（3）对漏盖验讫章和区域不符的旅客，要主动表示歉意，并给予清晰的指引。

2）语言规范

例如，"请出示您的登机牌"。

4. 传递检查信息

将验证员的检查信息及相关信息准确传递给其他岗位人员，确保准确实施各类检查措施。

传递检查信息的行为标准如下。

（1）将晚到旅客或有特殊需要的旅客告知通道后续岗位检查员。

（2）旅客取走篮筐内物品后，要检查篮筐内是否有遗留物品，发现情况要及时找寻失主或报告上级。

（3）提醒旅客检查后拿回物品。

5. 引导旅客或工作人员

有序地引导旅客或工作人员通过安全门接受检查。

1）行为标准

（1）如图 5-16 和图 5-17 所示，按照规范手势和操作指引引导旅客或工作人员。

（2）引导装有心脏起搏器的旅客、孕妇等特殊旅客从安全门或 X 射线机旁通过，接受纯手工检查。

图 5-16　"您好，请稍等"　　　　图 5-17　"您好，请通过安全门"

2）语言规范

例如，"请逐个通过安全门""请稍等"。

四、人身检查岗礼仪规范

人身检查岗包括引导和安全门检查两个岗位，其工作内容包括：引导旅客有秩序地通过安全检查门；检查旅客自行放入盘中的物品；对旅客人身进行仪器或手工检查；准确识别并根据有关规定正确处理违禁物品。

1. 准备工作和等待服务

如图 5-18 所示，安全门人身检查员等待旅客时，应站立在指定的位置，面带微笑，保持正确的站姿，两臂自然下垂，右手持手探，左手握于右手腕。

2. 人身检查

1）行为标准

（1）如图 5-19 所示，请旅客通过安全门接受人身检查。

图 5-18　人身检查员等待服务 　　　　图 5-19　人身检查员请旅客通过安全门

（2）如图 5-20 所示，请受检对象抬起双手配合人身检查。

（3）提醒受检对象自行取出需要检查的物品，注意检查动作的快、准、轻，不得未经对方同意掏取旅客口袋中的物品。

（4）如图 5-21 所示，人身检查员在检查过程中应主动围绕旅客进行人身检查；用语言提醒旅客，如"请稍等"。

（5）如图 5-22 所示，对腿部进行检查时，采取下蹲姿势。

（6）根据实际情况进行脱鞋检查，鞋子需通过 X 射线机检查，检查完毕后主动将鞋子取回交还于旅客。

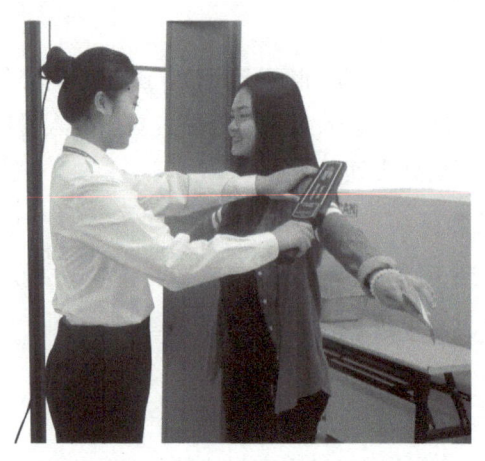

图 5-20　人身检查员对旅客进行安全检查

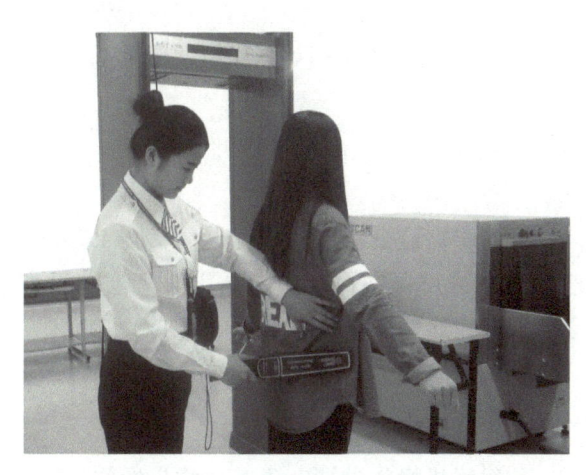

图 5-21　人身检查员主动围绕旅客进行人身检查

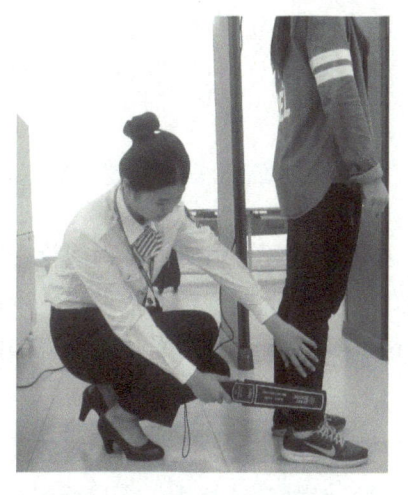

图 5-22　人身检查员下蹲对旅客进行安全检查

（7）检查完毕向旅客致谢，如图 5-23 所示，提醒旅客取回放在篮筐里的金属物品和通过 X 射线机检查的行李。

图 5-23　人身检查员提醒旅客拿齐随身物品

（8）维持好旅客候检秩序，提醒按秩序逐个通过安全门接受人身检查。

2）语言规范

例如，"先生/小姐，请通过安全门，请接受人身检查""请抬起双手""请将口袋里的物品取出接受检查""检查完毕，谢谢合作""请拿齐您的行李物品"。

3. 情况处置

1）行为标准

（1）妥善放置查获的违禁品，不得随意丢弃或遗留。

（2）反应敏捷，做到"眼观六路，耳听八方"。

2）语言规范

例如，"不好意思，××属于违禁物品，不能随身带""请稍等，我们做记录"。

五、X射线检查岗礼仪规范

按操作规程正确使用X射线检查仪；观察、辨别监视器上受检行李（货物、邮件）图像中的物品形状、种类，发现、辨认违禁物品或可疑图像；将需要开箱（包）检查的行李（货物、邮件）及重点检查部位准确无误地通知开箱（包）检查员。

1. 准备工作与等待服务

（1）按开机规范程序启动X射线机。

（2）如图5-24所示，等待行李检查时，X射线机操作员端坐于X射线机操作台前。

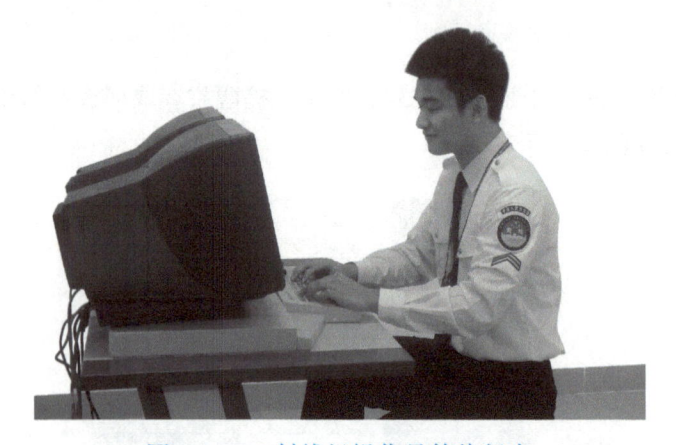

图5-24　X射线机操作员等待行李

2. X射线机操作及发出开箱（包）指令

1）行为标准

（1）执行X射线机操作任务时目视X射线机显示器。

（2）X射线机操作员腰背挺直，不得背靠椅子，应将双手放在操作台上，将双腿并拢平放于地面上。

（3）将需要开箱（包）检查的行李及重点检查部位准确无误地通知开箱（包）检查员。

2）语言规范

（1）检查行李过程中，若行李图像显示有疑点，需要开箱（包），应给予开箱（包）检查员明确清晰的指示，如"××，这个行李需要开箱（包）检查"，如图5-25所示。

（2）发出开箱（包）指令，使用文明用语"请、谢谢"等。

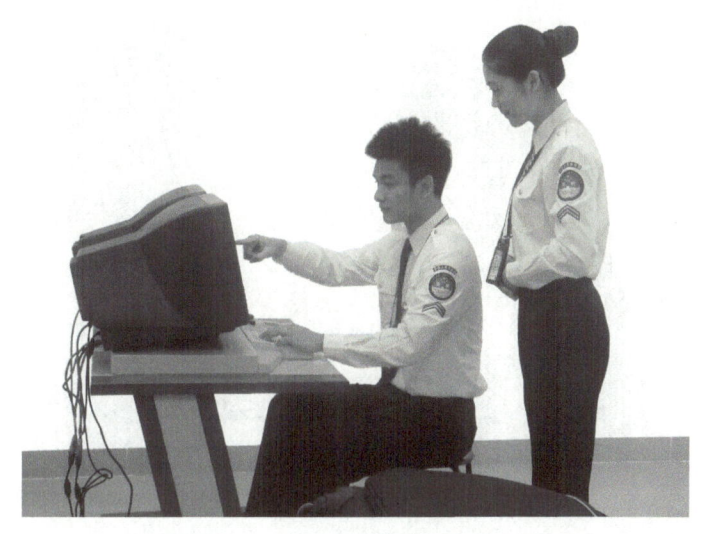

图 5-25　发出开箱（包）指令

六、开箱（包）检查岗礼仪规范

对旅客行李（货物、邮件）实施开箱（包）手工检查；准确辨认和按照有关规定正确处理违禁物品，严防错检、漏检。

1. 准备工作与等待服务

如图 5-26 所示，开箱（包）检查员等待 X 射线机操作员的开箱（包）指令时，应站立于 X 射线机操作员身后约 0.5 米处，正视前方，注意站姿。

2. 开箱（包）检查

1）行为标准

（1）请旅客到开箱（包）台接受行李开箱（包）检查。

（2）询问旅客是否带有违禁物品，请旅客主动拿出来。

（3）岗位动作要规范，检查动作要快、准、轻，不得乱翻旅客行李物品。

（4）准确辨认和按照有关规定正确处理违禁物品，耐心向旅客解释相关的规定。

图 5-26　等待指令

（5）如图 5-27 所示，排除疑点后协助旅客装好行李。

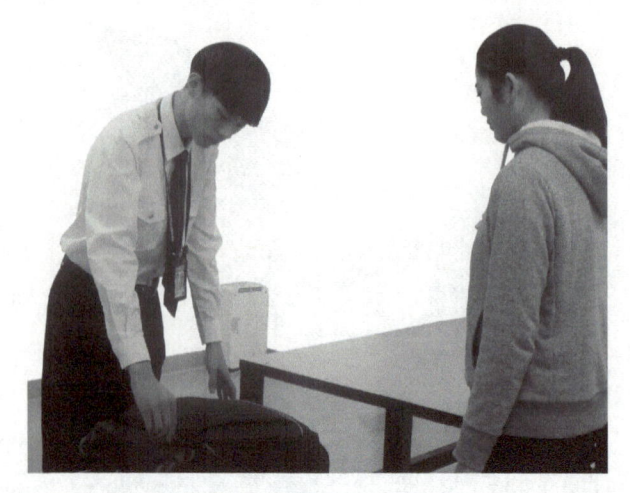

图 5-27　协助旅客装好行李

2）语言规范

例如，"先生/小姐您好，您的包需要打开检查，请到这边来""请打开您的行李接受检查""先生/小姐您好，您的行李需要重新检查，请稍等""请带齐您的随身行李物品，谢谢您的合作"。

3. 特殊情况处理

1）行为标准

（1）检查出旅客不能随身携带登机但可暂存的物品，为旅客开具"暂存物品凭单"。书写整洁干净，字迹清晰。

（2）移交暂存单和暂存物品时，经手人与维序勤务员应做好台账登记。

2）语言规范

例如，"先生/小姐，您好！这个物品不能随身带上飞机，但我们可以为您暂存一个月，您一个月有效期内回来取，可以吗""先生/小姐，您好，请在这里签字""先生/小姐，请收好您的暂存单"。

第四节　客舱服务岗位礼仪

一、客舱服务简介

飞机客舱服务是民航运输服务的核心部分，它直接影响乘客对航空公司的服务质量的评价。乘务员作为客舱服务的提供者，直接与乘客接触，对航空服务质量起着决定性的作用。

乘务员的主要工作内容包括履行客舱安全职责和客舱服务两部分，以确保乘客旅途中的安全与舒适。

二、客舱迎送礼仪

乘机过程的开始和结束阶段对于乘客的乘机体验至关重要。因此，当乘客登机时和离机时，乘务员应在客舱门口及客舱内迎送，展示出良好的职业形象，给乘客以亲切、热情、友好的印象。

1. 仪容仪表整理

在接到乘客即将登机的通知后，乘务员应迅速整理仪容仪表（乘务员之间可互相检查整理）。检查的内容主要包括：第一，头发是否整齐；第二，妆容有无残损；第三，制服穿着是否标准；第四，丝袜有无破损；第五，鞋面是否干净；第六，双手是否干净。如发现有不妥之处，应快速进行改善。

仪容仪表整理完毕后，乘务员按照各自的岗位站于指定的位置，准备迎接乘客。

2. 站姿与站位

如图 5-28 所示，乘务员保持规范站姿站立迎送乘客，女性乘务员采用前腹式站姿，男性乘务员采用垂臂式或前腹式站姿。舱门的乘务员应站在乘务员座席一侧，同乘客成 45°角。

图 5-28　迎送的站位与站姿

3. 客舱迎送服务的常用语

迎接乘客时应恰当使用欢迎语，如"早上好""晚上好""您好""欢迎乘机"等，同时身体应微向前倾，面带微笑，行鞠躬礼。除此之外，在帮助乘客寻找座位、放置行李时常用到以下服务语言："请问您的座位号是多少？我可以帮助您吗？""您的座位在那边，我带您去。"

4. 规范的手势

迎送乘客时需要使用服务手势的情况主要有三种。

（1）递接乘客的登机牌。如图5-29所示，当乘客递过登机牌时，乘务员应双手接过，迅速查看座位信息后双手交还给乘客，同时告诉乘客座位的大体位置。

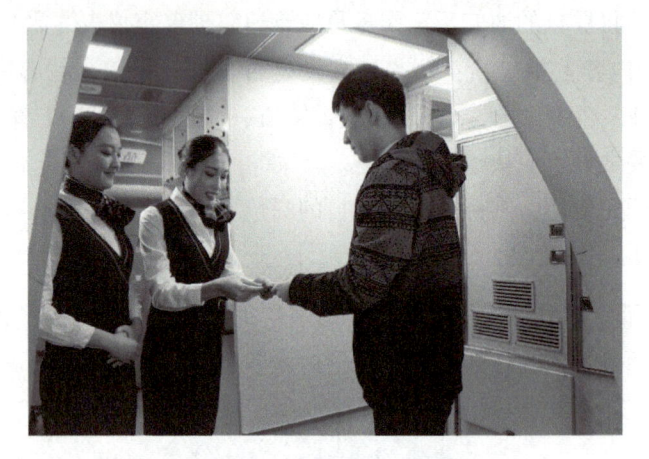

图5-29　双手递接登机牌

（2）为乘客引导指示方位。通常采用横摆式的手势为乘客指示行进方位，如图5-30所示，必要时应带领引导其入座。

图5-30　为乘客指示方位

（3）为乘客指示座位。如图5-31和图5-32所示，为乘客指示座位时，单手从体侧抬起，目光应跟随手指示的方向，同时以语言告知乘客座位的具体方位。

图 5-31　为乘客指示座位　　　　图 5-32　为乘客指示座位号

三、客舱巡视礼仪

客舱巡视是客舱服务的例行程序，通过客舱巡视，乘务员可及时发现问题并予以解决，以确保给乘客提供安全、舒适的乘机体验。

1. 客舱巡视内容

乘务员在进行客舱巡视时主要关注三个方面的问题。第一，客舱安全，在飞机起飞前及飞机降落前，乘务员都要进行例行的客舱安全检查，查看乘客是否系好安全带、收起小桌板、打开遮阳板、关闭手机及电子设备等。第二，乘客状况，乘务员在飞行过程中应定时巡视客舱，观察乘客情况，及时提供周到细致的服务，如为睡着的乘客关闭阅读灯，询问老人、孕妇等特殊旅客是否需要帮忙等。第三，客舱环境，乘务员在巡视客舱时要注意散落在过道里的一些垃圾，及时处理；餐后巡视客舱时，应拿着托盘，收拾乘客的餐盒、杯子等。

2. 客舱巡视礼仪规范

（1）乘务员在客舱巡视时应面带微笑，步伐轻缓。

（2）行走过程中，女性乘务员双手轻握于腰部，手腕微向上抬，双臂微收；男性乘务员双臂自然下垂。

（3）巡视过程中，如图 5-33 和图 5-34 所示，乘务员的目光应关注自身前方左右两侧座位大约 5 排的范围，以正视的目光与乘客交流，同时用微笑和点头向乘客表示问候。

图 5-33 客舱巡视步（男）　　　　图 5-34 客舱巡视步（女）

（4）在客舱通道与乘客交汇时，首先应礼貌点头问候"您好"，之后站在一侧，背向通道，让乘客先行通过，手的姿态保持不变。若旁边座位没有乘客，可退到座位处，面向乘客，让乘客先行通过。与其他乘务员交汇时，如图 5-35 所示，双方应以背靠背的方式通过。

图 5-35 乘务员交汇

四、行李架操作规范

乘务员应帮助有困难的乘客放置和提取行李；飞机起飞前和降落前进行安全检查时需检查行李架是否关闭稳妥。以下是行李架的操作规范。

（1）进行客舱安全检查时，乘务员在走动的同时，采用单臂侧身检查行李架的方式。

（2）打开或关闭行李架时，身体面向行李架，用右手臂操作，如图5-36所示，若右手持物品，可用左手操作，也可采用双臂进行操作，如图5-37所示。必要时可采用踮脚的方式来增加身体的高度，注意保持整体姿态的优雅。打开或关闭行李架的动作不可过大，以免发出巨大声响惊吓到乘客。

（3）放置和提取行李物品时，身体面向行李架，用双臂托举或取下物品。对待乘客的行李应轻拿轻放，正面朝上，整齐摆放。

图5-36　单臂操作行李架 　　　　图5-37　双臂操作行李架

五、报纸杂志服务规范

1. 手持报纸杂志的操作规范

（1）手持报纸时，将每份报纸折叠后整齐摞好，相同的报纸摞在一起，不同的报纸应露出刊头依次层叠。

（2）应将杂志每本分开排列成扇形，持于手中。

（3）如图5-38和图5-39所示，手持报纸杂志应左手四指并拢，掌心向上托住报纸或杂志的底部，拇指放于里侧，使报纸杂志大约45°立起，以方便乘客查阅，右手并拢扶在报纸杂志的右上角。

图5-38　手持报纸　　　　　图5-39　手持杂志

（4）手持报纸杂志在客舱行走时，应步伐缓慢，面带微笑，礼貌询问，如"请问需要报纸杂志吗"。若有乘客需要，应马上停下。

2. 递送报纸杂志的操作规范

（1）乘务员应侧身45°面向乘客站立，身体微向前倾，眼神注视乘客，将报纸杂志展示给乘客并礼貌询问，如"我们为您准备了《中国民航报》《人民日报》《广州日报》，请问您需要哪一种"。

（2）取报纸杂志时若是最外侧的直接取出，若是内侧的应用右手的拇指和食指捏住报纸的一边，沿着边缘至上角，翻手掌将其取出。

（3）将报纸杂志递给乘客时应用右手，拇指在上，四指并拢在下，刊头在上对着乘客。

（4）若乘客需要的报纸杂志已发放完，应向其致歉并提供其他选择，如"对不起，暂时没有您需要的杂志了，您看这些杂志里有您想看的吗"，或记下乘客座位号待其他乘客阅读完后为其送来，如"对不起，暂时没有这份报纸了，等其他乘客看完后我马上给您送一份来，您看可以吗"。

六、客舱餐饮服务规范

1. 推拉餐车的操作规范

（1）如图5-40所示，推餐车时，双手五指并拢扶在餐车上方两侧，双臂不可撑在餐车上。

（2）拉餐车时，双手握拳拉在餐车上方凹槽处，拇指不外露。

（3）推动餐车前进时应把握好方向，速度适宜，注意不要碰到乘客的脚和座椅的扶手。

（4）倒拉餐车的乘务员应控制好步伐，注意身后是否有障碍物。

图 5-40　推拉餐车

2. 托盘的使用规范

（1）如图 5-41 所示，端托盘时，大小臂成 90°，拇指扶着托盘的外沿，四指并拢托住盘子的底部，竖着端托盘。

（2）乘务员持空托盘时，如图 5-42 所示，拇指置于托盘的盘面，四指并拢置于托盘的底部，抓紧托盘，将托盘面朝内，与地面垂直，自然竖直放于体侧。

图 5-41　端托盘 　　　　图 5-42　手持空托盘

3. 提供饮品的服务规范

（1）提供饮品时应先询问。乘务员应侧身45°面向乘客，身体略向前倾，面带微笑，目光注视乘客，可说："您好，这里有咖啡、橙汁、可乐、矿泉水，请问您喜欢什么？"

（2）从餐车上取下杯子，手持杯子底部。

（3）倒饮品时，上身略向前倾，夹紧手臂，杯子倾斜45°，通常倒至杯子的七成满。给儿童倒饮品时，倒至杯子的五成满。

（4）将饮品递送给乘客时，如图5-43所示，最好用双手递送，或者用左手递送给左侧的乘客、用右手递送给右侧的乘客。按照从前到后、从里到外的顺序进行。

（5）可将饮品递给乘客或放置在小桌板上，动作要稳，并配合合适的语言，如"您好，这是您的咖啡/橙汁/可乐/矿泉水，请慢用"。若是热饮应提醒乘客注意。

（6）若不慎将饮品洒落，不可慌张，应该马上向乘客致歉并用干净的纸巾或毛巾为乘客擦拭。

图5-43　给乘客递送饮品

4. 提供餐食的服务规范

（1）提供餐食时应先询问乘客。乘务员应侧身45°面向乘客，身体略向前倾，面带微笑，目光注视乘客，可说"您好，这里有鸡肉饭、猪肉饭、牛肉面，请问您喜欢什么？"

（2）将餐食置于餐盘上递送给乘客，最好用双手递送，或者用左手递送给左侧的乘客、用右手递送给右侧的乘客。按照从前到后、从里到外的顺序进行。

(3）可将餐食递给乘客或放置在小桌板上，动作要稳，并配合合适的语言，如"您好，这是您的鸡肉饭/猪肉饭/牛肉面，请慢用"。

（4）送餐时若乘客正在休息，不应打扰乘客，应记下乘客的座位号并放置提示卡，待乘客醒来后送上餐食。

5. 回收餐具的服务规范

（1）回收餐具时应先征询乘客，如"您还需要使用吗"，待客人同意后方可回收。

（2）收拾餐具时动作要轻缓，注意不要将垃圾残渣洒落。

（3）回收的餐具在餐车上应整齐摆放。

（4）若乘客的小桌板有污渍，应及时用干净的毛巾为乘客擦拭。

第五节　民航常见特殊旅客服务礼仪

特殊旅客是指在接受订座和在运输过程中，承运人需给予特别礼遇或特别照顾，或需符合承运人规定的运输条件方可承运的旅客。

服务特殊旅客需要民航服务人员付出更多的耐心、爱心和精力。作为民航服务人员，应掌握特殊旅客的心理特点，了解他们的特殊需求，设身处地地为他们着想，提供针对性的服务。下面介绍几种常见特殊旅客的服务礼仪。

一、重要旅客

重要旅客是航空运输的重点服务对象，其往往有着一定的身份和社会地位，在运输服务中需要给予特别礼遇和照顾。做好重要旅客的服务工作是民航运输部门的一项重要任务。

1. 心理特征

重要旅客出于自身的身份地位，通常都具有较强的自我意识和自尊心，尊重需求相对较高。因此，在服务过程中，应给予重要旅客特别的礼遇，让其感受到尊重。

相对于普通旅客，重要旅客有更多的乘机经验，通常习惯于享受高品质的服务，因此他们对于服务的流程和内容较为了解，对于服务的要求往往更高，更加注重服务的品质。

2. 服务技巧

（1）事先做好准备。在服务开始前，应了解重要旅客的相关信息，如姓名、职务、饮食禁忌、生活习惯等，以便更好地为重要旅客提供个性化的服务。

（2）记住重要旅客的姓名和职务。称呼重要旅客时应冠以姓氏称呼，必要时还可以职务进行称呼，这样会使对方产生心理上的满足感。

（3）让重要旅客感到被特殊对待。在服务过程中要让重要旅客感受到自己受到了特殊对待，民航服务人员在对重要旅客的服务上应处处体现着这种优先，让其感受到不同。例如，安排座位时给重要旅客预留前排的座位，对重要旅客的行李重点保护，设置专用的贵宾休息室和专用的登机通道保证重要旅客便捷乘机，选拔优秀的民航服务人员为重要旅客服务等。

（4）注重重要旅客的个性化需求。对于重要旅客，标准化、机械化的服务很难得到他们的认可，民航服务人员需要时时关注他们的需求，提供个性化的服务。例如，某航空公司发现他们的一位重要旅客喜欢看某份杂志，每次这位重要旅客乘机时他们都会专门为其准备一份。

（5）顾及其他旅客的感受。在为重要旅客提供热情服务的同时，要注意顾及周边旅客的感受，不要使他们有太强的心理落差，感觉到不公平的存在。

二、老年旅客

老年旅客通常体力、精力相对不足，对事物反应缓慢，应变能力较弱，因此在服务过程中需要对其给予特别的照顾和帮助。

1. 心理特征

老年旅客由于行动缓慢，对新生事物较为陌生，往往希望得到他人的帮助。特别是独自出行的老年旅客，通常会有一种强烈的孤独感，甚至产生恐惧的情绪，特别渴望得到关心与帮助。而老年旅客通常都有不服老的心态，他们希望能够尽量依靠自己的力量，因此又不好意思主动寻求帮助。特别是欧美国家的老年旅客，独立意识很强，不愿意接受他人过多的照顾，因此，若给予他们过多的帮助，反而会让他们认为这是不尊重他们的表现。

此外，老年旅客在乘机过程中特别关心飞机的安全问题，担心乘机过程中身体不能适应，发生突发状况。

2. 服务技巧

（1）称呼老年旅客可根据需要采用比较亲切的称呼，如大爷、大妈、阿姨等，让其产生亲切感，减缓紧张、孤独的情绪。

（2）在与老年旅客交流时，语速要慢，音量可略大些，语言尽量简短。

（3）在为老年旅客提供餐饮时，尽量提供软食、热饮。

（4）多关注老年旅客的情况，特别是身体状况，主动询问需求并及时满足。

（5）在飞机起降前做好必要的提醒工作，主动介绍飞机安全设备的使用方法并帮助其进行操作，以消除他们的恐惧心理。

案例 5-1　空姐跪地喂老人吃饭

2015年12月8日下午，河南新乡71岁退休医学教授牛先生和老伴儿搭乘HU7302航班，由郑州飞往海口。老人两年前因患脑梗而瘫痪，行动十分不便，由老伴儿推着轮椅上了飞机。

看到是一位轮椅乘客，飞机乘务长樊雪松决定把老人调到最前面的座位，一是方便老人进出洗手间，二是方便照顾。当时第一排只有一个空位，牛大爷和老伴儿只能分开坐。

到了发餐时间，细心的樊雪松特别留意了老人。她发现，老人用餐时很费力，拿着餐勺的右手有点发抖，头也低不下去，勺子里的饭根本无法顺利地送入口中。樊雪松赶紧走过去，蹲下来问老人是不是不舒服，老人模糊地回应了一句，但无法听清楚说的是什么。樊雪松跟老人说："您别着急，我来喂您吃吧。"当饭喂进老人嘴里时，老人的眼角泛出了泪花。

樊雪松发现，米饭可能有些硬，老人不太好嚼，随后她又端来一盒面条，一口一口地喂给老人。老人哭得更伤心了，泪水滴落在樊雪松的手上，她赶紧拿来纸巾给老人擦眼泪。樊雪松也被老人的情绪感染，眼泪在眼眶里打转。这一幕被旁边的乘客拍了下来，并随后上传至朋友圈和微博。樊雪松被网友们称为"最美空姐"。

三、儿童旅客

在节假日及寒暑假期间，民航都会接待大量儿童旅客，其中还有一些无人陪伴儿童。无人陪伴儿童指的是年龄在5~12周岁，无成人陪同独自乘机的儿童。

1. 心理特征

儿童旅客大多活泼好动，好奇心强，对外出旅行更是充满新鲜感，易被新奇事物吸引。同时，由于儿童旅客年纪尚小，因此判断力较弱，安全意识不足。

无人陪伴儿童因独自出行难免会有紧张、孤独的情绪。有些无人陪伴儿童的成人自我意识较强，呈现出小大人的心理特点，不愿被当作孩子看待。

2. 服务技巧

（1）与儿童旅客交谈时，应采用蹲或半蹲的姿态，增加亲切感，以取得儿童旅客的信任。

（2）对儿童旅客不要采用过于亲昵的动作，如亲吻、抚摸头部等，以免引起儿童及其同行人员的反感。

（3）若儿童旅客调皮好动，影响到其他旅客或设备的使用，应耐心劝说，使用恰当、亲和的语言，切不可使用训斥吓唬的话语。

（4）为儿童旅客提供餐饮时，注意温度，不可过烫，饮料以半杯为宜。

（5）特别注意儿童旅客的安全问题，适时对儿童旅客及其同行人员进行必要提醒。

（6）对于无人陪伴儿童，应有专人负责照看，了解他们的身体和心理情况，及时提供帮助和安抚。

四、携带婴儿的旅客

1. 心理特征

携带婴儿的旅客既要照管婴儿，又要看管随身物品、办理手续，还容易出现各种突发状况，因此他们希望遇到困难时能够及时获得帮助。这类旅客最关注的是婴儿的状况，担心他们的饮食、身体情况不能适应。相对于自身的需求，他们更希望民航服务人员能帮助其满足婴儿的需求。

2. 服务技巧

（1）民航服务人员应主动询问带婴儿的旅客是否需要帮忙，并时刻关注他们的情况，主动提供必要的帮助。

（2）多数携带婴儿的旅客希望孩子得到关注与赞美，但也有些外国旅客不愿意他人过分亲近自己的孩子，民航服务人员在这方面要把握好度。

（3）携带婴儿的旅客随身携带的物品通常较多并且需要经常取出使用，各服务环节应特别注意提醒携带婴儿的旅客带齐物品，必要时帮助其整理物品。民航服务人员应主动帮助携带婴儿的旅客放置行李物品，下机时帮助其取出。

（4）民航服务人员如需触碰婴儿，一定要保证手部是干净的。如需要帮助旅客抱婴儿，应采取正确的姿势，且动作要轻缓。

五、孕妇旅客

怀孕不足32周的孕妇乘机，除医生诊断不适宜乘机者外，可按一般旅客运输。怀孕32周以上至36周以下的孕妇乘机，需办理相关的乘机医疗许可手续，方可乘机。怀孕超过36周，预产期在4周以内或不确定，但已知为多胎分娩或预计有分娩并发症者，不予乘机。

1. 心理特征

孕妇旅客通常动作比较缓慢，身体较为笨重，她们关注自身的身体情况，担心身体出现问题，同时也希望得到民航服务人员的关注和照顾。有些孕妇旅客因为孕期的不适，情绪容易受到影响，会较为挑剔，容易发怒。

2. 服务技巧

（1）如有必要，主动了解孕妇旅客的身体情况是否符合乘机规定，并耐心对其进行相关规定的解释。

（2）在给孕妇旅客安排座位时，尽量安排在容易照顾、方便进出的座位。

（3）主动帮助孕妇旅客提拿重物，放置行李物品。

（4）主动询问孕妇旅客是否需要帮助，特别关注她们的身体状况，随时给予必要的照顾。

（5）主动给孕妇旅客分发枕头和毛毯，使其旅途更为舒适。

六、病残旅客

1. 心理特征

病残旅客由于身体上的缺陷往往会产生自卑感，他们不愿意被他人另眼相待。同时，病残旅客有较强的自尊心和独立意识，他们比普通旅客更希望能够自己完成力所能及的事情。

2. 服务技巧

（1）在帮助病残旅客时，要充分考虑到对方的意愿，要顾及对方的自尊心。

（2）在与病残旅客交流时，要特别注意语言禁忌，如无必要，不随意谈及旅客的病残情况。

（3）主动帮助病残旅客完成其无法完成的事情，如提拿、放置行李。对于一些其力所能及的事情无须过多帮助。

（4）时刻关注病残旅客的情况，发现问题及时主动提供帮助。

（5）在与轮椅旅客交流时，应采用蹲或半蹲的姿态，以表示对他们的尊重。

（6）当需要搀扶旅客时，要采用正确的姿势，让其更加舒适方便。

思考与练习

（1）值机员为旅客办理值机手续的基本流程是什么？

（2）值机员在为旅客安排座位时，应如何询问座位喜好？需要注意哪些问题？

（3）当旅客问询的内容无法回答时，民航服务人员应该如何处理？

（4）乘务员在迎送旅客时常用的服务手势有哪些？其动作要领是什么？

（5）乘务员应如何操作行李架？

（6）乘务员在提供报纸杂志服务时，手持报纸杂志的规范是什么？应如何递送报纸杂志？

（7）乘务员推拉餐车的操作规范是什么？

（8）乘务员应如何将饮品、餐食递送给旅客？

（9）什么是民航安全检查？民航安全检查的主要任务有什么？

（10）安全检查岗位形象要求有哪些？

（11）简述验证检查员的行为标准和文明用语。

（12）安检人员进行手工人身检查的流程和标准做法是什么？

（13）重要旅客具有哪些心理特征？为其服务时需要注意哪些技巧？

（14）老年旅客具有哪些心理特征？为其服务时需要注意哪些技巧？

（15）儿童旅客具有哪些心理特征？为其服务时需要注意哪些技巧？

（16）携带婴儿的旅客具有哪些心理特征？为其服务时需要注意哪些技巧？

（17）孕妇旅客具有哪些心理特征？为其服务时需要注意哪些技巧？

（18）病残旅客具有哪些心理特征？为其服务时需要注意哪些技巧？

案例分析题

（1）陈小姐在值机柜台前排队等待办理乘机手续，准备外出旅游。办理完乘机手续，陈小姐准备转身离开时，值机员小刘将其叫住："小姐，把您的行李手推车推走。"陈小姐听后很不高兴："这手推车不是我推来的。"说完陈小姐就走了。

陈小姐在进行安全检查时，安检人员发现陈小姐登机牌上的行李条贴在了正面，并且正好遮住了她的姓名，安检人员将其撕下贴在了背面。陈小姐到了登机口后拿出手机拨通了机场的投诉电话，投诉值机员小刘服务态度恶劣，没弄清事实就以命令的口吻要求其将手推车推走，让自己出丑。同时还投诉小刘业务水平太低，将行李条贴错位置。

请分析：案例中值机员小刘哪里做得不妥？应如何改进？

（2）某日，某机场天气原因造成航班大面积延误，随着天气情况好转，部分航班开始陆续起飞。一位姓李的旅客来到机场问询柜台询问航班情况，于是有了下面一段对话——

"我的航班什么时候才能起飞啊？"

"天气不好，很多航班都延误了，我也不知道具体情况。"

"别人的航班都可以起飞了，我的怎么还不能飞啊？你帮我问问。"

"我也没地方问，你看现在很多航班都还在延误，谁也不知道什么时候能飞。"

"那总不能让我们这样一直等着啊，天都黑了，你总该让我知道到底今天能不能走啊！"旅客有些激动。

"你冲我吼也没用，我说了我也不知道。"工作人员说完就坐下了。

请分析：案例中工作人员的问题出在哪里？在这种情况下，工作人员应该如何使用恰当的语言安抚旅客情绪？

（3）一位老大爷准备搭乘飞机去北京找儿子。他把一把水果刀藏在了他的鞋子里。安检人员通过手持金属探测器直接扫描出老大爷身上携带违禁品。随后，违禁品被查获，老大爷被安检人员移交相关机关处理。据了解，他听说安检检查不严格，只要把东西藏好，安检是找不到的。

请分析：

① 如果你是机场的安检员，你将怎样对老大爷进行人身检查？

② 当你发现老大爷身上藏有违禁品时，你会怎样与老大爷沟通？如何处置？

实训项目

（1）以小组为单位，根据以下服务场景，进行值机岗位服务礼仪的训练。

① 场景一：三位同行旅客来到值机柜台办理手续，要求安排相连的座位，值机员查看后发现已无相连的座位。

② 场景二：旅客带着托运行李来到值机柜台办理乘机手续，要求安排一个靠窗的座位。在检查行李时，值机员发现其中一件的外包装有破损，让旅客签名确认后收运。

实训要点：完整进行值机岗位迎接旅客、查验证件、安排座位、收运行李、礼貌告别这五个工作流程的模拟，注意服务语言、服务手势的正确使用。

（2）以小组为单位，根据以下服务场景，进行候机楼问询岗位服务礼仪的训练。

① 场景一：旅客来到问询柜台询问自己的航班应该在哪里办理乘机手续，工作人员询问其是哪个航空公司的，旅客自己也不知道，只知道目的地和起飞时间，工作人员查询后告诉其办理手续的柜台。

② 场景二：某机场由于流量控制的原因部分航班延误，具体起飞时间待定。旅客接二连三地到问询柜台询问航班的情况，部分旅客情绪比较激动。

实训要点：完整进行问询岗位迎接旅客、解决问题、礼貌道别这三个工作流程的模拟，注意服务语言、服务手势的正确使用。

（3）以小组为单位，根据以下服务场景，进行客舱服务岗位服务礼仪的训练。

① 场景一：乘务员站在客舱门口迎接旅客，一位旅客询问自己的座位在哪儿，乘务员接过登机牌，看完后为其指示方向。

实训要点：迎接旅客时的站姿、微笑、问候语，递接旅客登机牌的手势，为旅客指示方位的手势。

② 场景二：乘务员进行客舱巡视，进行起飞前的安全检查，见到旅客未系好安全带，对旅客进行提醒。旅客向其咨询飞行时间，乘务员停下回答。期间，该乘务员和旅客及其他乘务员在通道交汇。

实训要点：客舱巡视的姿态、与旅客进行交流、在客舱通道与旅客及其他乘务员的交汇。

③ 场景三：乘务员帮助旅客放置、提取行李，检查行李架是否关好。

实训要点：行李架的操作规范。

④ 场景四：乘务员提供报纸杂志服务，为需要的旅客递送报纸杂志，其中一位旅客想要的报纸分发完了。

实训要点：手持报纸杂志的操作规范，递送报纸杂志的操作规范，解决报纸分发完的问题。

⑤ 场景五：乘务员提供餐饮服务，按照旅客的要求提供不同的饮品和餐食，之后回收餐具。

实训要点：餐车的使用、托盘的使用、询问餐饮喜好、递送饮品和餐食、回收餐具。

（4）以小组为单位，根据以下服务场景，在实训室模拟机场安检各岗位的操作流程。

① 场景一：为一名老年乘客进行安全检查，发现其随身包里的杯子装有茶水，礼貌告知应将茶水倒掉。

② 场景二：一名旅客的随身物品中有一只仿真度较高的玩具手枪，礼貌告知其应将该玩具手枪进行托运。

实训要点：证件检查、前传检查、人身检查、X射线机检查、开箱（包）检查各岗位的行为标准与规范用语，以及遇到问题与旅客的沟通交流。

（5）以小组为单位，根据以下服务场景，进行特殊旅客服务礼仪的训练。

① 场景一：某航班有两位无人陪伴儿童，工作人员带领他们过安检，在候机楼等待登机，随后将他们送上飞机，与乘务员交接。在飞行过程中，其中一位儿童坐在座位上因想念家人默默流泪，另一位儿童解开安全带，蹲在地上玩他的玩具小车。

实训要点：带领无人陪伴儿童完成相关手续、安抚无人陪伴儿童、照管无人陪伴儿童。

② 场景二：某航班有一位腿脚残疾的旅客，工作人员为其提供轮椅服务，推其到客舱门口，由乘务员搀扶其进入客舱，帮助其放置行李。客舱巡视时，乘务员主动与其沟通交流，询问需求。期间，轮椅旅客需要使用洗手间，乘务员主动搀扶并介绍洗手间设备的使用方法。

实训要点：轮椅旅客的服务要点、与轮椅旅客交流时的语言、搀扶旅客的姿势。

第六章　民航服务礼仪综合测试题

第一节　综合测试题一

一、判断题

1. 礼仪是指人们在社会交往活动中应共同遵守的行为规范和准则。（　　）
2. "客人永远是对的"指的是客人永远都不会犯错。（　　）
3. 职业着装的"TPO"原则指的是时间、地点、场合。（　　）
4. 穿着两个扣子的西装，一般只扣最下面的一个扣子。（　　）
5. 民航服务岗位上可以佩戴一枚款式简单的戒指。（　　）
6. 工作时应淡妆上岗，不可浓妆艳抹。（　　）
7. 在陪同引导时，工作人员应走在客人的右侧前方。（　　）
8. 与客人沟通交流时应该一直注视对方的眼睛。（　　）
9. 服务岗位不提倡使用掌心向下的手势。（　　）
10. 入座时，通常从椅子的右侧入座。（　　）
11. 工作电话接起时标准问候语是"喂，您好"。（　　）
12. 如果与上级、长辈、客户等通电话，无论是拨打电话还是接听电话，最好让对方先挂断。（　　）
13. 乘坐航班时应自觉关机。（　　）
14. 办公电话一般在响三声之内要接起，否则应礼貌致歉。（　　）
15. 对旅客服务时应尽量使用通俗易懂的语言，少用专业术语。（　　）
16. 王先生想要打印电子行程单，他来到值机柜台，工作人员告诉他："对不起，这不是我们的职责。"（　　）
17. 递送名片时名片的字迹应面向对方，便于对方阅读。（　　）
18. 上楼梯时，应让尊者先行；下楼梯时，也应让尊者先行。（　　）
19. 佛教国家的人非常重视头部，认为是智慧所在，是神圣不可侵犯的。如果随意用手触摸他们的头部则被认为是一种极大的侮辱。（　　）
20. 公务拜访应事先联系，做好预约。（　　）

二、单项选择题

1. 下列哪一项不是民航服务的特点？（ ）
   A. 民航服务以安全为前提　　　　B. 民航服务内容繁杂
   C. 民航服务的个性化需求高　　　D. 民航服务对服务人员要求低

2. 下列哪一项不是"3A"规则的内容？（ ）
   A. Accept 接受对方　　　　　　B. Appreciate 重视对方
   C. Award 奖励对方　　　　　　 D. Admire 赞美对方

3. 服务中不宜注视客人的哪个部位？（ ）
   A. 眼睛　　　B. 胸部　　　C. 鼻子　　　D. 嘴

4. 出入无专人控制的电梯时，接待人员应该（ ）。
   A. 先进后出　　B. 后进先出　　C. 先进先出　　D. 后进后出

5. 下列对于"女士优先"这个原则的体现中不正确的是（ ）。
   A. 当一位男士与一位女士见面时，男士应先伸手示意握手，以示尊敬
   B. 在用餐时，应先为女士服务，再为男士服务
   C. 走路时，男士应在外面以示保护
   D. 当女士手提重物时，男士可询问是否需要帮助，然后帮助女士提重物

6. 在西方国家，送人的鲜花通常为（ ）。
   A. 双数　　B. 数量自定　　C. 单数　　D. 越多越好

7. 名片是现代商务活动中必不可少的工具之一，下列做法正确的是（ ）。
   A. 为显示自己的身份，应尽可能多地把自己的头衔都印在名片上
   B. 为方便对方联系，名片上一定要有自己的私人联系方式
   C. 在用餐时，要利用好时机多发名片，以加强联系
   D. 接过名片后要马上看并读出来

三、多项选择题

1. 下列关于民航员工制服着装规范的说法中正确的是（ ）。
   A. 上班时间必须穿着公司统一制服
   B. 皮带、裤腰不可挂手机、钥匙等物品
   C. 女员工穿肉色丝袜，男员工穿深色棉袜
   D. 需要佩戴工作牌的岗位，工作牌要戴于固定位置且正面朝外

2. 下列关于民航员工发型修饰的要求中说法正确的是（ ）。
   A. 男员工不可留长发　　　　　B. 女员工应将长发盘起
   C. 女员工可佩戴自己喜欢的发饰　D. 头发不染异色

3. 工作场合对于服务对象的称呼不正确的是（ ）。
   A. 老王　　B. 黄先生　　C. 珠珠小姐　　D. 林女士

4. 下列哪些语言是在电话语言中不应该出现的？（　　）
   A. 喂
   B. 你是谁
   C. 什么？再说一遍，听不清
   D. 感谢您的来电，再见
5. 电话留言记录需要记录的内容有哪些？（　　）
   A. 对方的单位、姓名
   B. 来电的时间、日期
   C. 电话的具体内容
   D. 是否需回电及回电的号码、单位、姓名
6. 在服务工作中，下列拒绝技巧的说法哪些是正确的？（　　）
   A. 不论何种原因要拒绝客人，都应先说声"对不起"
   B. 拒绝的同时一定要说明原因
   C. 尽量从客人的角度出发来解释拒绝的原因
   D. 拒绝的同时要及时给予补偿或给出替代方案
7. 下列关于为他人做介绍的顺序中说法正确的是（　　）。
   A. 介绍上级与下级时，先介绍下级，再介绍上级
   B. 介绍公司同事与客户时，先介绍客户，再介绍同事
   C. 介绍朋友与家人认识时，先介绍朋友，再介绍家人
   D. 介绍男士与女士认识时，先介绍男士，再介绍女士

四、简答题

1. 民航旅客通常具备哪些需求？在服务工作中应如何识别旅客的需求？
2. 民航服务人员在工作中的站姿主要有哪几种？其动作要领是什么？
3. 微笑服务在民航服务工作中有何重要性？
4. 民航服务语言的基本要求是什么？
5. 值机员在为旅客安排座位时应如何询问旅客的座位喜好？

参 考 答 案

一、判断题
1. √　2. ×　3. √　4. ×　5. √　6. √　7. ×　8. ×　9. √　10. ×
11. ×　12. √　13. √　14. √　15. √　16. ×　17. √　18. ×　19. √　20. √

二、单项选择题
1. D　2. C　3. B　4. A　5. A　6. C　7. D

三、多项选择题
1. ABCD　2. ABD　3. AC　4. ABC　5. ABCD　6. ABCD　7. AD

四、简答题
略

第二节　综合测试题二

一、判断题

1. 民航服务质量的好坏完全取决于民航服务人员。（　　）
2. 领带夹具有装饰性的作用，应露在外面。（　　）
3. 穿着三个扣子的西装，应把扣子全部扣上。（　　）
4. 服务岗位不可涂有色指甲油。（　　）
5. 长发的女性在民航一线服务岗位上应将长发盘起。（　　）
6. 在候机楼，工作人员多人一起行走时应排成纵队行走。（　　）
7. 为了保证效率，在工作场合遇到急事应快速跑步前进。（　　）
8. 在递送刀、笔等尖锐物品时，不应将尖的部分对着对方。（　　）
9. 当因工作需要拨打他人手机时，应先询问对方是否方便接听电话，再谈具体事情。（　　）
10. 在服务工作中应多使用征询用语，以协商、谦恭的口吻与客人交流，避免使用命令式、通知式的语气。（　　）
11. 在工作场合应将手机调到静音状态，不制造噪声。（　　）
12. "年龄"不属于隐私类话题，可以在交谈中使用。（　　）
13. 上下级握手，下级要先伸手，以示尊敬。（　　）
14. 介绍女士与男士认识时，应先介绍男士，后介绍女士。（　　）
15. 乘坐手扶电梯时应靠右站立，左侧为快速通道。（　　）
16. 某工作人员在与旅客交流时这样介绍自己："您好，我是××机场旅客服务部的小刘。"（　　）
17. 鞠躬礼是地位低的一方向地位高的一方使用，对方必须以鞠躬礼回礼。（　　）
18. 名片中的头衔越多越好，这样能体现自己的身份。（　　）
19. 交换名片时，通常由地位较高的人先递上名片。（　　）
20. 一位外国女士看到中国古代的落地钟非常漂亮，认为她的中国朋友一定会喜欢，于是买了一台送给那位中国朋友。（　　）

二、单项选择题

1. 下列不是职业着装的"TPO"原则所指的内容的是（　　）。
    A. 地点　　　　B. 身份　　　　C. 时间　　　　D. 场合
2. 请客人入座时使用的手势是（　　）。
    A. 横摆式　　　B. 直臂式　　　C. 曲臂式　　　D. 斜臂式

180

3. 公务用车时，若坐在驾驶位的是司机，那么上座是（　　）。
   A. 后排右座　　　　　　　　　　B. 副驾驶座
   C. 司机后面之座　　　　　　　　D. 以上都不对

4. 在国际交往中，涉及的位置排列，原则上都讲究（　　）。
   A. 左尊右卑　　　　　　　　　　B. 右尊左卑
   C. 左右一样　　　　　　　　　　D. 不同场合不同尊卑

5. 引导客人上下楼梯时的正确做法是（　　）。
   A. 上楼时让客人走在前方，下楼时让客人走在后方
   B. 上楼时让客人走在后方，下楼时让客人走在前方
   C. 上下楼时都让客人走在前方
   D. 上下楼时都让客人走在后方

6. 下列哪个国家的男子一般不与妇女握手？（　　）
   A. 日本　　　　B. 泰国　　　　C. 印度　　　　D. 美国

7. 西方人很重视礼物的包装，通常在什么时候打开礼物？（　　）
   A. 当面打开礼物　　　　　　　　B. 客人走后打开礼物
   C. 随时都可以打开　　　　　　　D. 以上都不对

三、多项选择题

1. 下列关于民航服务岗位上佩饰使用的说法中正确的是（　　）。
   A. 可佩戴款式简单的胸针　　　　B. 可佩戴一枚款式简单的戒指
   C. 不可佩戴手链　　　　　　　　D. 不可佩戴手表

2. 下列关于坐姿的说法中正确的是（　　）。
   A. 入座时，通常从椅子的左侧入座
   B. 入座时应保持上身正直
   C. 如长时间坐着，可采用跷二郎腿的方式
   D. 不宜将双手都放在椅子扶手上

3. 下列关于电话礼仪的说法中正确的是（　　）。
   A. "喂，您好！××公司业务部"
   B. 办公电话一般在响三声之内接起，太久应礼貌致歉
   C. 通话完毕时，打电话者应待对方挂电话后再挂
   D. 对方找人，叫人时用手盖住话筒

4. 下列服务语言，哪些是不正确的？（　　）
   A. "您好，请问有什么可以帮助您的？"
   B. "这个规定您都不知道吗？我们一直是这样的。"
   C. "对不起，这不是我们的责任。"
   D. "我刚才已经说得很清楚了，是您没听清。"

5. 下列关于集体介绍礼仪说法正确的是（　　）。
   A. 介绍双方时，先介绍地位高的再介绍地位低的
   B. 在介绍其中每一方时，先介绍地位高的再介绍地位低的
   C. 介绍多方时，先介绍地位高的再介绍地位低的
   D. 当被介绍双方身份相当时，应先介绍人数多的一方
6. 工作式自我介绍的内容通常包括（　　）。
   A. 单位　　　　B. 部门　　　　C. 职务　　　　D. 姓名
7. 商务交往中礼品的特征是（　　）。
   A. 纪念性　　　B. 宣传性　　　C. 便携性　　　D. 独特性

四、简答题

1. 如何理解"客人永远是对的"这一服务理念？
2. 民航员工的发型修饰有何具体的要求？
3. 服务工作中应如何做到有效倾听？
4. 自我介绍有哪些常见的形式？分别包含哪些内容？
5. 安检人员遇到需要旅客进行开箱（包）检查时，应使用的服务用语是什么？当检查出旅客不能随身携带登机的物品时该如何与旅客交流？

参 考 答 案

一、判断题

1. ×　2. ×　3. ×　4. √　5. √　6. √　7. ×　8. √　9. √　10. √
11. √　12. ×　13. ×　14. √　15. √　16. ×　17. ×　18. ×　19. ×　20. ×

二、单项选择题

1. B　2. D　3. A　4. B　5. A　6. C　7. A

三、多项选择题

1. BC　2. ABD　3. BD　4. BCD　5. BC　6. ABCD　7. ABCD

四、简答题

略

参 考 文 献

［1］李爱琴．民航服务礼仪［M］．北京：中国民航出版社，2015．
［2］刘宇虹．民航服务礼仪［M］．北京：高等教育出版社，2011．
［3］宏阔，刘小红．航空服务礼仪概论［M］．北京：中国民航出版社，2008．
［4］盛美兰．民航服务礼仪［M］．北京：中国民航出版社，2013．
［5］杨桂芹．民航客舱服务与管理［M］．北京：中国民航出版社，2011．
［6］向莉，周科慧．民航服务心理学［M］．北京：国防工业出版社，2009．
［7］杨丽．商务礼仪［M］．北京：清华大学出版社，2010．
［8］刘永俊，陈淑君．民航服务礼仪［M］．北京：清华大学出版社，2009．
［9］王祥林．现代礼仪实用教程［M］．成都：电子科技大学出版社，2011．
［10］黄琳．商务礼仪［M］．北京：机械工业出版社，2011．
［11］魏全斌．民航安全检查实务［M］．北京：北京师范大学出版社，2012．
［12］周思敏．你的礼仪价值百万［M］．北京：中国纺织出版社，2009．